"一带一路"研究系列丛书

本书由"对外经济贸易大学中央高校基本科研业务费专项资金（TS4-20）"资助出版

"一带一路"沿线国家 AEO 制度比较与贸易效应研究

吴爱华　　张维亮　　刘巧玲◎ 编著

中国商务出版社
CHINA COMMERCE AND TRADE PRESS

图书在版编目（CIP）数据

"一带一路"沿线国家 AEO 制度比较与贸易效应研究 / 吴爱华 , 张维亮 , 刘巧玲编著 . -- 北京 : 中国商务出版社 , 2021.12 （2023.3 重印）

ISBN 978-7-5103-4142-7

Ⅰ . ①一⋯ Ⅱ . ①吴⋯ ②张⋯ ③刘⋯ Ⅲ . ①海关管理－制度－研究－世界 Ⅳ . ① F74B.

中国版本图书馆 CIP 数据核字 (2021) 第 241505 号

"一带一路"沿线国家 AEO 制度比较与贸易效应研究
"YIDAIYILU" YANXIAN GUOJIA AEO ZHIDU BIJIAO YU MAOYI XIAOYING YANJIU

吴爱华　张维亮　刘巧玲◎编著

出版发行：	中国商务出版社
地　　址：	北京市东城区安定门外大街东后巷 28 号　　邮　　编：100710
网　　址：	http://www.cctpress.com
电　　话：	010-64212247（总编室）　64269744（事业部）
	64208388（发行部）　64266119（零售）
邮　　箱：	bjys@cctpress.com
印　　刷：	河北赛文印刷有限公司
开　　本：	700 毫米 ×1000 毫米　1/16
印　　张：	15.25
字　　数：	251 千字
版　　次：	2021 年 12 月第 1 版
印　　次：	2023 年 3 月第 2 次印刷
书　　号：	ISBN 978-7-5103-4142-7
定　　价：	68.00 元

前　言

经济全球化带来了社会的发展和经济的繁荣，但影响和平与发展的不稳定、不确定因素明显增多。非传统安全问题日益突出，金融、环境、信息安全、流行疾病、民族分裂主义等非传统安全因素，已经对国家安全构成了重要威胁，也深刻影响到各国的经济社会发展。如何有效应对非传统安全因素带来的挑战和威胁，确保国家经济、政治、文化的边境安全，成为海关面临的新课题。

2001 年美国遭遇"9·11"恐怖袭击事件后，国际社会意识到全球贸易体系在面对恐怖犯罪和有组织犯罪时的脆弱性。海关在立足于边境负责国际贸易事务的基础上，又被赋予了保障全球贸易安全的新使命。新使命使海关的关注点从传统的进出口地转向从货物起运地到目的地的供应链全过程。

世界海关组织认为，作为监管国际货物流动的政府部门，海关在加强全球供应链安全、通过征收税款和便利贸易为社会经济发展作贡献等方面有着独特的地位。因此，世界海关组织认为有必要制定一项战略，用以保护全球贸易安全，加快而不阻滞贸易的流动。其中，加强海关管理是保护国际贸易供应链安全的一个重要步骤。

为保护全球贸易安全，世界海关组织于 2005 年正式通过了《全球贸易安全与便利标准框架》（Framework of Standards to Secure and Facilitate Global Trade，简称《标准框架》），旨在制定全球范围内的供应链安全与贸易便利标准。《标准框架》设立了一系列关于贸易安全和便利化的原则和标准，作为世界海关组织成员必须接受和实施的最低标准。

AEO 即 authorized economic operator 的缩写，意为"经认证的经营者"。AEO 制度是世界海关组织为了实现《标准框架》目标、构建海关与商界之间的伙伴关系、实现贸易安全与便利目标而引入的管理制度。

AEO 制度的基本内涵是：海关以企业为基本合作对象，通过海关为守法、安全的企业提供最大化的通关便利，以建立合作伙伴关系，从而达到互利双赢的目的。AEO 制度的构建，从本质上改变了海关与企业之间在传统意义上的管理与被管理的关系，适应了现代化海关制度建设及大监管体系建设的需要，符合政府职能转变的要求。

世界海关组织呼吁，《标准框架》一旦切实可行，便应在世界海关组织成员、海关和商界之间通过互认协定或安排实施 AEO 制度的相互认可。世界海关组织还进一步呼吁海关之间应当相互协作，构建有关 AEO 审核和认证、海关监管结果的相互认可制度以及其他有必要取消或减少的重复性的审核和认证。

习近平总书记在党的十九大报告中指出，（中国将）积极促进"一带一路"国际合作，努力实现政策沟通、设施联通、贸易畅通、资金融通、民心相通，打造国际合作新平台，增添共同发展新动力。"一带一路"建设是顺应世界多极化、经济全球化、文化多样化、社会信息化潮流的倡议，旨在促进经济要素有序自由流动、资源高效配置和市场深度融合，推动沿线各国实现经济政策协调，开展更大范围、更高水平、更深层次的区域合作，共同打造开放、包容、均衡、普惠的区域经济合作架构。共建"一带一路"倡议的核心内涵，就是坚持共商、共建、共享原则，促进基础设施建设和互联互通，加强经济政策协调和发展战略对接，促进协调联动发展，实现共同繁荣，共同构建人类命运共同体。具体来说，就是在"共商、共建、共享"原则的指导下，在"一带一路"沿线国家推动政策沟通、设施联通、贸易畅通、资金融通以及民心相通，共同打造政治互信、经济融合、文化包容的利益共同体、责任共同体和命运共同体。

本书由对外经济贸易大学政府管理学院海关系的教师撰写。本书共四章，作者分工如下（按章节先后顺序）：吴爱华撰写第一章，张维亮撰写第二、三章，刘巧玲撰写第四章。本书是"一带一路"沿线国家贸易便利化水平和相关制度研究的重要成果，主要研究了《标准框架》的 AEO 制度、"一带一路"沿线国家的 AEO 制度、"一带一路"倡议下的 AEO 互认安排及其影响效应，对于了解"一带一路"沿线国家贸易便利化的特点与现状、AEO 制度与措施，以及促进 AEO 互认有非常重要的现实意义和理论应用价值。

作者
2021 年 12 月

目　录

第一章

《全球贸易安全与便利标准框架》的 AEO 制度

第一节 《全球贸易安全与便利标准框架》概述

一、制定《全球贸易安全与便利标准框架》的背景

经济全球化带来了社会的发展和经济的繁荣，但影响和平与发展的不稳定、不确定因素也明显增多，非传统安全问题日益突出，金融、环境、信息安全、流行疾病、民族分裂主义等非传统安全因素已经对国家安全构成了重要威胁，也深刻影响各国的经济社会发展。面对非传统安全因素带来的挑战，如何有效应对各种非传统安全威胁，确保国家经济、政治、文化的边境安全，成为海关面临的新课题。

2001 年美国遭遇"9·11"恐怖袭击事件后，国际社会意识到了全球贸易体系在面对恐怖犯罪和有组织犯罪时的薄弱性。在原来立足于边境负责国际贸易事务的基础上，海关又被赋予了保障全球贸易安全的新使命。新使命使海关的关注点从传统的"进出口地"转向从货物起运地到目的地的整个供应链过程。

世界海关组织认为，作为监管国际货物流动的政府部门，海关在加强全球供应链安全、通过征收税款和便利贸易为社会经济发展做贡献等方面有着独特的地位。为保护全球贸易安全与促进贸易便利，世界海关组织（WCO）于 2005 年正式通过了《全球贸易安全与便利标准框架》（Framework of Standards to Secure and Facilitate Global Trade，SAFE，以下简称《标准框架》）。《标准框架》设立了一系列关于贸易安全和便利化的原则和标准，作为世界海关组织成员必须接受和实施的最低标准。

世界海关组织是推动实施此标准的最合适的平台。世界海关组织拥有166 个成员海关，代表着全球 99% 的贸易量。海关不仅拥有其他政府部门

所没有的重要权力，即查验进出境及过境货物和物品的权力，也拥有拒绝货物进出境和加速进境的权力。海关不仅可要求提供有关进出口货物的信息，还可要求提前提供电子信息。海关独有的权力和专业知识，使得它能够并应当在全球贸易安全与便利方面发挥核心作用。

海关难以而且没有必要对每一票货物都实施查验。实际上，这种做法将会阻碍全球贸易的流动。因此，现代化海关均采用自动化系统对各种问题进行风险管理。在这种情况下，海关不应设立各种不同的标准，加重国际贸易界的负担，而是应当认可现有的其他国际标准。世界海关组织要建立一套统一的国际海关标准，同时避免与其他政府间组织的标准重复或相悖。

《标准框架》内容涉及海关的各项业务，规划了现代海关发展的模式和蓝图，代表海关的发展方向，是对世界海关制度的重大改革。《标准框架》的结构如下：

（1）采纳和实施《标准框架》的益处。

（2）支柱：海关与海关的合作、海关与商界的伙伴关系。

（3）附件：实施细则的说明。

二、《标准框架》的宗旨

2005 年《标准框架》的宗旨：

（1）制定全球性的关于供应链安全与便利的标准，提高确定性和可预见性。

（2）促成所有运输方式都适用的一体化供应链管理。

（3）从找准角色定位、履行职责和提高工作能力等方面入手，不断提高海关应对 21 世纪挑战的能力。

（4）加强海关之间的合作，以提高识别高风险货物的能力。

（5）加强海关与商界的合作。

（6）促进货物在国际贸易供应链中顺畅流动。

2018 年《标准框架》增加了另外两个宗旨：

（7）加强海关之间的合作，例如，通过交换信息，相互承认管制措施，相互承认经认证的经营者（AEO），相互提供行政协助。

（8）加强海关与其他参与国际贸易和安全的政府机构之间的合作。

三、《标准框架》的四个核心要素

《标准框架》包含四个核心要素：第一，《标准框架》统一了对进口、出口和转运货物提前递交货物电子信息的要求；第二，加入《标准框架》的成员海关承诺采用一致的风险管理方法来应对安全方面的威胁；第三，《标准框架》要求，基于可比的风险识别方法，根据进口国的合理请求，出口国海关应对高风险的出口集装箱和货物进行查验，并提倡使用非侵入式检测设备，如大型 X 光机和放射性物质探测仪；第四，《标准框架》规定了成员海关要向达到最基本的供应链安全标准并采纳最佳做法的企业提供相应的便利。

四、《标准框架》的两大支柱

基于上述四个要素，《标准框架》着眼于两大支柱，即海关与海关的合作和海关与商界的伙伴关系。两大支柱有许多优势，它们各自包括了一系列统一的易于理解的和便于在国际上快速实施的标准。此外，《标准框架》直接吸取了世界海关组织现行的安全与便利措施、成员海关的做法。

（一）支柱一：海关与海关的合作

各国海关应在执行被广泛接受的和统一的国际标准的基础上进行合作，以使货物和集装箱运输在全球贸易供应链各环节都获得最大程度的安全与便利。海关与海关的合作可以达到这个目的，它将为保障国际贸易供应链安全、应对恐怖主义和打击跨境犯罪活动提供一个有效的机制。

传统做法是海关只有在货物到达其国内口岸时才实施查验货物。而现在，海关必须具备在集装箱或货物到达其口岸之前就对货物和集装箱进行查验和筛选的能力。

支柱一的核心原则是运用提前获得的电子信息识别高风险集装箱或货物。通过自动化风险识别手段，海关可在货物到达出口港时或在此之前，尽早在供应链中识别高风险货物。

海关需为自动化的信息交换制定规则，使该系统建立在协调的信息和交互性操作的基础上。为实施有效查验，同时确保海关手续不阻碍贸易的流通，海关应运用现代技术手段对高风险货物进行查验。这些技术包括大型 X 光机、伽马射线机和放射性物质探测设备，但不仅限于此。通过广泛运用现代技术，保持货物和集装箱的完整也是支柱一的重要组成部分。

支柱一的各技术条款根据修订后的《京都公约》《一体化供应链管理指南》以及一些成员的做法[1] 制定，加入世界海关组织《标准框架》的海关应执行支柱一的各项标准条款。[2]

支柱一的标准条款具体如下：

标准 1：一体化供应链管理

海关应遵守世界海关组织《一体化供应链管理指南》规定的海关一体化监管手续。

标准 2：货物查验权

海关应有权对起运地货物、出境货物、通运货物（包括仍在船上的货物）以及转运货物进行查验。

标准 3：现代技术在查验设备中的应用

海关在条件允许的情况下，根据风险评估的结果，应尽量使用非侵入式查验设备和放射性探测仪进行查验。这类设备对于快速查验高风险集装箱或货物、便利合法贸易的流动是十分必要的。

标准 4：风险管理系统

海关应当建立一套自动化的风险管理系统来识别潜在的高风险货物。该系统应包含风险评估、风险布控和最佳做法选择机制。

标准 5：高风险货物或集装箱

---

[1]　制定《标准框架》特别是其技术条款时，很多情况下都直接援引自这些材料。

[2]　支柱一的具体技术条款作为附件一的具体说明。

高风险的货物或集装箱是指没有充分的信息可以将货物或集装箱确认为低风险。同时，战术情报显示为高风险，或运用安全等级评估方法确认为高风险的货物或集装箱。

标准 6：提前申报电子信息

海关应要求提前申报货物和集装箱的电子信息，以便及时开展恰当的风险评估。

标准 7：布控和交流

海关应进行联合风险布控和筛选，采用统一的风险参数和可兼容的通信和（或）信息交换机制，这些将有助于建立相互承认监管结果的制度。

标准 8：绩效管理措施

海关应对各项措施的实施情况做出统计报告，内容包括但不限于审查货物的数量、高风险部分的货物数量、对高风险货物的查验情况、利用非侵入式查验技术对高风险货物进行查验的情况、利用非侵入式查验技术与人工查验相结合的方法对高风险货物进行查验的情况、利用人工查验方式对高风险货物进行查验的情况、通关时间以及各项措施取得的成效和带来的负面影响。世界海关组织应负责整理这些报告。

标准 9：安全评估

海关应与其他职能部门一道对国际供应链中货物的流动进行安全评估，并尽快解决发现的问题。

标准 10：工作人员的廉政

海关和其他职能机构应开展反腐倡廉的活动，并同时查处腐败行为。

标准 11：出口安全查验

应进口国的合理要求，出口国海关应对出口的高风险集装箱和货物实施查验。

（二）支柱二：海关与商界的伙伴关系

各海关都应该与企业建立伙伴关系，使其参与到保证国际贸易供应链安全的工作中。本支柱的核心在于建立一个国际统一的认证制度，对那些能够在供应链不同环节上提供高度安全保障的企业进行识别认证。这些企业应通过建立上述伙伴关系获得切实的好处，如快捷通关或其他便利措施等。

《以提高供应链安全和便利国际贸易流动为目标的世界海关组织成员与企业合作高级指南》说明了海关与企业在进一步加强国际贸易安全方面的关系至关重要。

海关可以依靠商界伙伴对贸易环节中存在的风险因素进行评估和识别，从这一程度上讲，海关面临的风险降低了。因此，那些愿意加强供应链安全的企业将自身受益。最大限度地降低风险可以帮助海关在行使安全职能的同时便利合法贸易。

企业的参与及要求它们在货物起运地就提高安全标准，使得货物和集装箱安全措施在供应链中大大前移，如从在码头填装集装箱到该集装箱在供应链中运送的每个环节。

《标准框架》规定了供应链中的企业成为安全伙伴必须达到的标准。它包括风险评估，一个应对被评估的风险的安全计划和通信计划，阻止非正常的或没有文件记录的货物进入国际供应链的程序性措施，装卸或仓储场所及其周边设施的安全措施，集装箱、货物以及运输工具的安全、人员审查和信息保护系统。

海关在对商界伙伴进行认证或授权时首先考虑的因素包括进口量、与安全有关的异常现象、特定地区所特有的战略威胁或者其他与风险有关的信息。海关根据不同的环境来确定上述要素的优先顺序。

对商界伙伴在其获得安全认证资质后可以取得的最基本的好处达成共识是非常重要的。这些好处包括：低风险货物的快速通关、安全级别的提高、通过提高安全效率优化供应链成本、企业信誉的提升、更多的商业机会、建立其与海关之间更好的沟通联系。

目前，处于国际供应链各环节的诸多企业已经达到现行的国际安全要求和（或）已经有内部供应链安全计划，这些都可以解决海关关注的安全问题。支柱二中一系列制度必须建立在海关资质认证的基础上，利用信息技术来为跨境贸易提供便利通关手续和对符合安全标准的企业提供特别优惠。这些企业包括进口商、出口商、报关人、货运代理人、承运人和其他合格的服务供应商。

从大量革新项目① 中的经验来看,海关与国际贸易企业加入《框架标准》应执行支柱二的各项标准条款。

支柱二的标准条款具体如下：

标准 1：伙伴关系

国际贸易供应链中的经认证的经营者应当采用自我评估体系,以预先确定的安全标准和最佳做法为参照,以确保其内部政策及操作程序可以保障货物和集装箱在运至海关监管目的地验放前是安全的。

标准 2：安全

经认证的经营者应将预先确定的保障安全的最佳做法纳入其现行的商业操作中。

标准 3：资质认证

海关应和商界共同制定一套完整的认证程序或者资质鉴定程序,为经认证的经营者提供鼓励机制。

标准 4：技术

各方均为使用现代技术提供便利条件,从而确保货物和集装箱的完整。

标准 5：交流

海关应经常提供海关 – 商界伙伴关系项目的最新信息,以推行最低安全标准和供应链安全的最佳做法。

标准 6：便利

海关应与经认证的经营者加强合作,最大限度地提供便利和保障源于或通过其关境的国际贸易供应链的安全。

五、《标准框架》的益处

《标准框架》为促进世界贸易的发展提供了一个崭新的统一的平台,保护贸易不受恐怖活动的威胁,并加大海关和商界对国家经济和社会繁荣

---

① 这些项目包括修订后的《京都公约》、瑞典的"阶梯式管理"项目、加拿大的"保护伙伴"项目、澳大利亚的"前沿和客户认证"项目、美国的"海关 – 商界反恐伙伴关系"项目、新西兰的"SEP 和前沿"项目、世界海关组织的"商业伙伴关系小组"和《一体化供应链管理指南》。

的贡献。它将提高海关甄别和处置高风险货物的能力，增强货物监管的效率，从而加快货物的通关和放行。采纳《标准框架》将会使国家／地区政府、海关和商界受益。

（一）国家／地区政府

《标准框架》制定的主要目的之一就是便利全球贸易，使国际贸易成为推动经济发展和增长的重要动力。这将有助于保护贸易不受恐怖主义的威胁，同时便利合法贸易，推动海关业务的改革和现代化，加强税收征管，加强法律法规的准确适用。《标准框架》为保障经济和社会发展的安全、吸引外商直接投资提供了有力支持。

《标准框架》鼓励海关与其他相关政府部门之间建立合作关系，并认可其他现有的国际标准。它将帮助政府实施统一的边境管理和控制，通过采取必要措施，使政府能够扩大海关在这个领域的权限和职责。

（二）海关

《标准框架》的支柱一是建立海关之间的合作，促进货物在安全的国际贸易供应链中顺畅流动。合作网络将使相关信息准确、及时地在海关之间进行交换，使海关更加有效地开展风险管理。这些措施不仅能够提高海关识别高风险货物的能力，而且能够帮助海关加强对国际贸易供应链各环节的监管，以及更加合理高效地配置海关资源。合作网络将使海关之间的合作更加顺畅，让海关更早地介入对供应链的监管，如根据进口国海关的请求，出口国海关可在出口地代为执行查验。《标准框架》同时规定在一定条件下，海关之间互认监管结果。《标准框架》使海关能对国际贸易供应链有一个更广泛、更全面的认识，还可以减少重复和复杂的申报要求。

《标准框架》为海关改革和现代化提供了工具，使海关能够应对新的国际贸易环境所带来的挑战。同时，《标准框架》比较灵活，使各海关能够根据各自的发展水平、具体条件和要求，以不同的速度实施《标准框架》。

（三）商界

在众多的益处中，《标准框架》不但为保障国际贸易的安全创造了条件，而且便利了国际贸易，促进了其发展。《标准框架》考虑到现代国际贸易的生产和配送模式，并以此作为制定各项条款的基础。

经认证的经营者将会从中受益，比如由于查验率降低而使货物通关速度加快，从而节省时间和成本。《标准框架》的一个重要原则就是建立一套国际通行的标准，以增强统一性和可预测性，同时减少重复和复杂的申报要求。

以上措施将保证经认证的经营者在他们为建立完善的安全系统和做法的投资中获得回报，包括减少对其货物的风险目标评估和查验，加快货物通关。

六、《标准框架》的能力建设与实施

为了使《标准框架》得以实施，除了能力建设之外，还应正确理解分阶段实施的必要性。期望每一个成员海关都能立即实施《标准框架》是不现实的。《标准框架》只是一套最基本的标准，应根据每个成员海关的能力和所需的法律授权分步实施。世界海关组织秘书处将会同高级战略小组制订《标准框架》的实施计划。

《标准框架》也考虑到了能力建设和必要的法律授权等重要因素。《标准框架》提出了向实施《标准框架》的相关成员海关提供适当的能力建设方面的援助。世界海关组织成员普遍认为，有效的能力建设是确保《标准框架》得以广泛采纳和实施的重要因素。但考虑到《标准框架》的部分内容可以立即付诸实施，有必要制定相关战略，加强成员为实施《标准框架》所需的能力建设。而成功的能力建设，必须有政治意愿和廉政作为基础。因此，世界海关组织要向那些承诺实施《标准框架》并表达了必要的政治意愿的成员提供援助。

七、2018 年修订的《标准框架》

在 2005 年 6 月于布鲁塞尔举行的世界海关组织理事会会议上，世界海关组织通过了《标准框架》，以促进全球贸易。这是独一无二的国际法律文书，开创了现代供应链安全标准，并预示着开始对跨境货物进行端到端管理，同时认识到海关和企业之间建立更密切伙伴关系的重要性。

此后，该框架定期更新，以有效应对新出现的问题，促进国际供应链的发展。值得注意的是增加了关于经认证的经营者的相关条款，协调边境管理、贸易连续及恢复，支柱三（海关与其他政府机构的合作），以及空运货物的预装信息（ACI）。

全球化、创新和技术变革的力量继续推动着全球供应链的巨大变化。为进一步协助成员和利益相关者建立安全和便利的国际贸易环境，《标准框架》于 2018 年进行了更新。

2018 年版《标准框架》增加了 2 项新的宗旨。此外，它呼吁加强与政府、受特定货物（如武器、危险品）监管机构委托的机构以及负责邮政事务的实体的合作，同时提供了一份全面的 AEO 福利。基于相互信任和透明度，更新后的《标准框架》为海关、相关政府机构提供了新的机会，使各参与方共同致力于提高供应链的安全和效率。

2018 年版《标准框架》在推动建立安全的全球贸易供应链的基础上，是一个平衡了便利化和控制既有活力的有用工具。新版《标准框架》将继续作为海关、其他政府部门和经营者的重要参考。

由于能力建设援助仍然是安全执行战略的重要组成部分，世界海关组织将加强其能力建设工作，以满足海关和利益相关者的需求，以结构化和持续的方式，确保协调和可持续地实施《标准框架》。世界海关组织将补充一些新的工具，如 AEO 验证者指南、互认协定 / 安排（MRA）战略指南、MRA 实施指南、提前货物信息（ACI）实施指南、更新的综合供应链管理准则、交易者识别数字（trader identification number，TIN）指南、数据分析手册、SAFE AEO 项目与 WTO 贸易便利化（trade facilitation agreement，TFA）第 G 条之间的联系。

世界海关组织所有成员和利益相关者都应进一步深化执行《标准框架》，并以有效和协调的方式使用相关工具，吸取经验教训。

2018 年版《标准框架》增加了海关与其他政府机构合作这一支柱，形成了海关与海关的合作、海关与商界的伙伴关系及海关与其他政府机构的合作三大支柱。三大支柱具有许多优势，这些支柱包括一套经过整合的标准，以确保易于理解和快速实施《标准框架》。

此外，2018 版《标准框架》直接借鉴了世界海关组织成员制定的现有安全和便利的措施和方案，对促进世界经济发展有非常重要的意义。

第二节　经认证的经营者制度

AEO 即 authorized economic operator 的缩写，意为"经认证的经营者"。AEO 制度是世界海关组织（WCO）为了实现《全球贸易安全与便利标准框架》目标、构建海关与商界之间的伙伴关系、实现贸易安全与便利的目标而引入的管理制度。

AEO 制度的基本内涵是海关以企业为基本合作对象，通过为守法、安全的企业提供最大化的通关便利，与企业建立合作伙伴关系，达到互利双赢的目的。AEO 制度的构建，从本质上改变了海关与企业之间在传统意义上的管理与被管理的关系，适应了现代化海关制度建设及大监管体系建设改革需要，符合政府职能转变的要求。

截至 2018 年 7 月，169 个国际海关组织的成员签署了执行《标准框架》的意向书，占国际海关组织总成员的 93%（WCO 目前拥有 182 个成员）。

一、AEO 的定义

《标准框架》中将经认证的经营者（AEO）定义为"以任何一种方式参与货物的国际流通，并被海关认定符合世界海关组织或相应供应链安全标准的一方"。AEO 包括生产商、进口商、出口商、报关行、承运商、理货人、中间商、港口、机场、货站经营者、综合经营者、仓储业经营者和分销商。这意味着任何从事与国际贸易相关的企业，只要愿意且符合相应的国际供应链安全标准和要求，就可以被海关认证为 AEO 企业，从而获得作为 AEO 企业的便利。

世界海关组织制定实施 AEO 的相关规定（《AEO 实施指南》）。《AEO 实施指南》（以下简称《指南》）为 WCO 成员和国际贸易界提供了在全球层面实施 AEO 项目的基本技术指南，其目的是作为各成员实施 AEO 项目的起点，并为有效实施《标准框架》支柱二（海关与商界的伙伴关系）的相关标准提供支持。该指南将为海关和 AEO 双方在全球层面长期实施 AEO 制度提供重要标准。这些核心的国际标准将构成参与 AEO 项目各方所必须遵循的基准线。同时，《指南》还允许各成员海关根据各自需求增加补充性国家标准。

为了达到《标准框架》有关安全和便利的最终目标，海关必须采取透明、积极合作的态度，进一步加强海关制度现代化建设，不断改进和完善相关措施，以促进国际贸易便利。因此，基于现有的和已纳入规划的资源，海关应积极考虑能够协助商界以最有效的方式进行贸易的途径。国际贸易界和运输界具有相关的经验和知识，有助于海关更好地履行在便利和安全管理方面的职责。商界应当利用这一时机，与海关建立起新的适当的合作关系，协助海关履行与安全相关的职责。

为了获得商界的支持，必须对 AEO 所需的要素做出明确的规定。也就是说，必须对获得 AEO 身份的条件和要求达成共识，并在国家层面的 AEO 项目中明确列明。更重要的是，必须阐明参与《标准框架》项目所能实现的切实便利。WCO 成员海关所提供的便利、参与增强全球供应链安全活动所带来的便利，是商界承担为加强现有安全措施而增加额外成本的关键因素。清晰和切实的便利有助于激励商参与 AEO 项目。

WCO 成员在启动国家层面 AEO 项目时将面对一些挑战。但是有一件事情是必然的，即现在是提出全球海关大格局的时机，海关通过保护贯穿国际供应链的贸易流的安全，在保障国家的经济和物质安全方面发挥重要的作用。在这一意义上，WCO 成员可以灵活的方式促进 AEO 项目的发展，并更好地对国家 AEO 项目进行扩展和必要的修正。

最后，应当承认，实现 AEO 全球互认系统还需要若干时间。在这一方面，WCO 成员和秘书处建议以分阶段渐进的方式实施《标准框架》，将来实施海关系统间 AEO 项目的相互认可也同样如此。倘若条件成熟海关和商界伙伴便采取积极的行动以实施相关规定，那么一定会在国际供应链的安全与便利方面获得额外的效果。

相关基本概念：

装载或运输工具：包括海运集装箱、空运货柜、载重拖车或铁路货车。

第三方审核：外部实体（非海关）被雇佣协助海关当局完成有关安全的风险评估以及相关审核程序。海关当局对 AEO 身份的认证以及给予其相适应的便利水平的权力不应委托给第三方。

认证：在 AEO 项目中，基于构建的一整套方法对 AEO 身份进行认证，包括对申请者递交的各种文件进行评估、对厂房及资产情况和安全制度进行检查等，以确定其是否符合《标准框架》的核心标准。

分阶段实施：根据各自的能力以及实现 AEO 身份的目标，各海关循序渐进地实施《标准框架》及本文规定的 AEO 制度。

审核：海关和 / 或海关指定的协助开展实际审核工作的第三方，为评估企业是否符合 AEO 身份而采取的各项措施、程序。这些措施和程序应是全面的透明的。海关认识到国际供应链不是分散的实体，而是由代表不同贸易行业的参与者构成的一系列特定整体。某些供应链具有一定的稳定性，参与者长期代表某个进口商在特定国家从事重复的进口活动。在其他供应链中，参与者要么常常变化，要么只是为了单一进口交易而组合在一起。无论供应链是规律性的还是暂时性的，海关意识到自身并不拥有贸易供应链的任何一部分。全球供应链属于参与到供应链中的商界。因此，商界的支持与参与是《标准框架》成功实施的重要基础。

二、AEO 的条件和要求

《标准框架》承认国际贸易供应链的复杂性，对应用和实施基于风险分析的安全措施予以认可。因此，《标准框架》允许基于 AEO 的商业模式，制订具有灵活性和个性化的安全计划。若想获得 AEO 身份，商界应在风险评估和 AEO 运营模式的基础上，将这些标准、做法和程序融入日常经营行为中。同时，《标准框架》对海关和企业双方均提出了实施要求，分别归在相应的子标题下。

海关不应在国际贸易安全和便利方面设立不同的要求，增加国际贸易界的负担，而是应由世界海关组织制定一套统一的国际海关标准。该标准与其他公认的政府间的安全要求不重复，不抵触。

下列由海关确定的保障安全的最佳做法和要求，部分或者全部符合其他政府间组织① 制定的安全要求和标准。

（一）遵守海关法规的证明

在考虑授予企业 AEO 身份时，应当首先证明该企业无违反海关法规的记录。

企业要求：

（1）在海关 AEO 制度规定的期间内无违反海关法规的记录，否则不予授予 AEO 身份。

（2）如该企业成立时间不足（1）中规定的时间，应当根据其他真实的相关数据、记录进行判断。

（3）申请企业的法定代表人或投资人应在（1）中所规定的同一时期内，具有良好的海关守法记录。

（二）具有符合要求的贸易记录管理系统

企业应当及时、准确、真实地对其进出口活动进行记录。对真实的商业数据的管理维护是国际贸易供应链安全的基本保障。

企业要求：

（1）保证对数据系统的维护，使海关能够对进出口货物进行必要的审计。

（2）根据国家立法，允许海关在对企业监管所必要的数据系统中进行查询。

（3）企业数据的内部进入和管理系统应符合批准海关的要求。

（4）以合适的方式保存与进出口货物相关的授权书、委托证明及许可证，并保证海关能够查询。

---

① 例如国际货币基金组织、国际海事组织、国际民航组织等。

（5）根据国家立法，以合适的方式存档数据，以便需要日后向海关提供。

（6）运用足够的信息技术安全措施以保障数据系统不被非法侵入。

（三）财务偿付能力

财务偿付能力是衡量企业是否有能力实施和改进供应链安全措施的重要指标。

企业要求：

拥有可靠的财务偿付能力，从而能够在与其经营性质相适应的各项商业活动中承担职责。

（四）咨询、合作与沟通

海关、其他有权机关和企业应当在国际、国内、地方等各个层面，在不影响执法的前提下，就诸如供应链安全和便利措施等涉及共同利益的问题定期提供相关咨询，在海关发展和风险管理战略的实施中应将咨询的结果考虑在内。

企业要求：

（1）指派并向海关明示海关所在地联络人或企业联络人，通过企业联络人应当能够立即与海关所在地的联络人取得联系，以便对于海关守法和执法相关的事务进行处理（货物账册、货物追踪、员工信息等）。

（2）单独或通过行业协会，与海关进行开放的连续的数据互换，具有执法敏感性、受法律限制及其他原因不能交换的数据除外。

（3）通过国内 AEO 制度所规定的特定机制，向负责的海关官员报告有疑问的货物证明文件，或非正常的货运信息。

（4）通过国内 AEO 制度所规定的特定机制，及时向海关或其他机构报告所发现的非法的有嫌疑的，或是不可靠的货物。这些货物应当采取适当的方法进行保全。

（五）教育、培训及增强意识

海关和企业必须对工作人员就安全政策、安全问题的发现、针对安全漏洞的措施等方面建立培训机制。

企业要求：

（1）根据其商业性质，尽可能培养工作人员或在必要的情况下培养贸易伙伴，增强其供应链货物运输的风险意识。

（2）就如何识别有嫌疑的货物向所有企业相关工作人员，包括安全保卫人员、制单及操作人员以及收发货人员等提供有教育意义的资料、专家指导以及培训。

（3）对开展的教育、指导和培训进行记录，形成相关的档案。

（4）使员工掌握企业发现和报告可疑事件的程序。

（5）就如何保护货物安全、发现内部安全隐患及杜绝非法侵入对员工开展培训。

（6）在可行的情况下，根据海关要求使海关熟悉相关的内部信息、安全系统和程序，并协助海关调查企业货运、业务操作及办公地点的情况。

海关要求：

（1）应与企业合作，采取措施对海关关员进行国际贸易供应链中涉及货物流通相关风险的教育。

（2）应为所有从事与安全相关业务的海关关员提供关于识别潜在可疑货物的培训材料和专家指导。

（3）应当将海关管理程序中识别和处理可疑事件的指定联系人通知到企业。

（4）应实施特别的培训，以帮助海关关员提高保持货物完整、识别安全潜在威胁和采取保护控制措施的能力。

（5）如有需要或可行，应让企业熟悉相关的海关信息和程序，以帮助海关进行适当的培训和研究。

（6）如有需要或可行，帮助企业发展和实施自愿的公司指南、安全标准、最佳做法、培训、认证方案和有关材料的行动计划，以适当提高安全意识并采取措施将安全方面的风险减少到最小。

（7）如有需要或可行，应为企业所有相关安全、货物处理和货物单证制作人员提供必要的识别潜在可疑货物的培训材料和专家指导，此类材料和指导应包括对世界海关组织风险管理指南文件中所规定的风险要素的认知。

（8）如有需要或可行，应帮助企业从海关的角度提供识别潜在的安全威胁的培训。

（六）信息的交换、取得及保密

作为保护信息安全总体战略的一部分，海关和企业必须制定和加强相应的安全保护措施，以保证信息不被用于非法用途或避免非授权的修改。

海关和企业要求：

（1）保证涉及商业及安全敏感性信息的保密性，并确保所提供的信息只用于其被要求提供时所说明的目的。

（2）根据相关的数据保密法规，争取全面及时地在所有相关单位实施货物放行数据的电子交换。纸质的或亲笔签名的以证实其真实性的数据将不被提倡。

（3）执行国际标准的电子数据格式、递交期限和数据内容；由于安全原因所必需的数据元必须符合商业运行的要求和限制，并且所要求的与安全相关的数据元不能多于《标准框架》所规定的项目。

（4）海关与企业应合作实现以风险评估为目的的电子货物信息的提前申报。

企业要求：

（1）进口商应采取相应的制度确保货物通关信息的清楚、完整和准确，并避免信息的错位、缺失和错误信息的录入。同样，承运人要运用相应的制度确保仓单所记载内容能够准确地反映出托运人及其代理向承运人提供的信息，并及时向海关申报。

（2）将信息安全政策、制度或如防火墙、密码等安全控制形成规章以保护企业电子系统不受非授权的侵入。

（3）建立防止信息丢失的制度和备份系统。

（七）货物的安全

海关和企业必须建立和支持保障货物安全及较高级别的准入控制的措施，并制定保护货物安全的日常制度。

企业要求：

（1）世界海关组织与安全相关的各种指南包含了供应链各环节保障货

物安全的具体措施，可参考世界海关组织的指南、为企业制定的安全手册或其他可行的指南。

（2）应确保有施加封志责任的企业及其贸易伙伴通过制定书面的制度而保证适时施加封志并保持运输工具的安全。

（3）确保企业及其贸易伙伴施加的封志达到或超过当时的 ISO 标准。

（4）将如何对已装货的集装箱施加封志和检查，以及如何发现和向海关及外国相关机构报告损坏的封志和集装箱形成书面制度。

（5）考虑安全因素，应有专人负责集装箱封志的发放和确保其合法使用。

（6）制定对货运工具，包括对其"准入控制"装置的可靠性进行检查的程序。建议根据不同的货运工具对以下 7 个部位进行检查：前挡、左侧、右侧、地面、顶 / 上方、内 / 外门、外侧 / 底盘。

（7）通过国内 AEO 制度中规定的特殊机制，定期对其安全和控制制度进行测评，保证非被授权者不能轻易接近货物，以及保证被授权者不能轻易针对货物进行不正当的操作、移动或装卸。

（8）将货物或货运工具在安全的地点保存，并制定相应的制度以便在发现货物和运输工具存放地点被非法侵入时及时向负责的执法官员报告。

（9）在商业程序允许的情况下，核实运输货物和装运工具的承运人的身份，如没有这种权力，则快速采取措施以尽快取得相关授权。

（10）在可行的情况下，核对实货与其单据或电子信息，以便在向海关申报时单货相符。

（11）制定在货物储存场所理货和管理的制度。

（12）制定在货物移出储存场所时全面监控货物的管理制度。

（13）制定管理、保护、监控货物运输过程以及货物移入和移出装运工具过程的制度。

（八）装运工具的安全

海关和企业必须共同制定其他国内和国际规章未能予以规定的监管制度，以保证装运工具得到有效维护和保护。

企业要求：

（1）在其权力和职责范围内，保证所有装运工具的安全在其供应链中得到有效的保护。

（2）在其权力和职责范围内，保证无人值守的装运工具在供应链中的安全，并在其返回时检查其安全是否受到侵害。

（3）在其权力和职责范围内，确保对所有装运工具的操作人员就保证装运工具和货物在其监管下的安全进行培训。

（4）根据在国内 AEO 制度的规定，要求操作人员及时向指定的企业安全部门和海关报告发现的和有嫌疑的违法事件，以便进一步调查，并且将报告记录在案，以便海关查考。

（5）总结出装运工具上易于藏匿运输非法物品的部位，并对这些部位进行常规检查，保证装运工具内外部舱室、夹层、空隙等的安全。检查后应做记录，并记录所检查的部位。

（6）向海关或其他机关报告一切有嫌疑的不合常规的以及确实侵害装运工具安全的行为和事件。

海关要求：

可以在国家层面 AEO 制度中进行规定，在适当并合法的情况下，如海关认为有必要进行查验货物时，应邀请企业的一名代表见证实物查验或为查验而移动货物的整个过程。无论企业以何种原因不能到场，海关在查验后应立刻通知有责任保护货物安全的企业，以防止发生索赔责任。

（九）经营场所安全

在征求企业意见以及考虑企业遵守其他国际标准的前提下，海关必须根据自身情况，要求企业实施安全保障协议以保护办公建筑的安全，对其内外部及周边的安全环境进行监控。

企业要求：

（1）根据企业经营模式和风险分析，应采取安全措施保证建筑物安全，并对建筑物内外部及周边环境进行监控、管理，实施准入管理，禁止未经授权的人员接近企业设施、运输工具、装载码头和货物堆场，以保证其负责的供应链环节的安全。如果无法实施准入管理，应增强其他安全方面的防范措施。货站安全应包括以下内容：

①建筑物应当由能抵抗非法入侵的材料建造而成。

②应当通过定期的检测和维修维护结构的完整。

③所有的内外门窗、围栏必须安装锁或安装进出监控设施加以保护。

④管理或保安人员必须严格控制锁具和钥匙的发放。

⑤包括以下区域的设施内外必须有足够的照明设备：出入口、货物处置和存储区域、围栏和停车区。

⑥在车辆和人员进出口必须有人值守，进行监控或采取其他措施防止非法进入。企业应当确保需要进入限制区域的车辆应在专门地点停放，并能够记录车牌号码，以便海关查询。

⑦仅经识别和经授权的人员、车辆和货物才能获准接近设备。

⑧适当的外围设备和周边隔离设施。

⑨单据或货物的存储区域应设限进入，并有足够措施阻止非授权或未识别人员的进入。

⑩应装备适当的电子安全系统，包括盗窃警报和进出控制系统。

⑪受限区域应能清楚地识别。

（2）根据需要或请求，向海关提供查询用于保证场站安全的监控系统的途径。

海关要求：

（1）除了法律规定的对特定位置和信息的调查途径外，应与企业建立伙伴关系，以便能够在执法时进入其安全监控系统和信息系统。

（2）由于特殊的商业模式致使企业不能够实施某些特定安全要求时，可允许企业实施具有相同安全效果的其他安全措施。

（十）人员安全

海关和企业，应在法律允许的范围内，调查相关员工的背景情况。此外，还应采取措施，防止未经授权的人员进入相关设施、交通工具、卸货码头和货物存放地点等有可能影响供应链安全的场所。

企业要求：

（1）在国内法律允许的范围内，在雇用员工时，采取可能的预防措施，证实他们以前没有与安全相关的、海关或其他刑事犯罪记录。

（2）定期对安全敏感岗位员工的背景进行调查。

（3）拥有员工身份识别程序，要求所有员工携带公司发放的识别卡，确保对员工和单位的唯一认证。

（4）拥有识别、记录和处理未经授权或来历不明的来访者和销售商的程序，如在所有入口处安装照片识别仪和设立登记制度。

（5）及时将到期员工原有的身份识别卡、进入公司及信息系统的授权迅速收回并予以注销。

海关要求：

（1）应制定人员身份识别制度，要求所有海关关员随身携带身份证明，用以唯一识别单个关员及其所代表的部门。

（2）作为必要条件，应保证实施准入管理的操作人员能够独立地验核海关关员出示的身份证明。

（3）应制定相应制度，对终止雇佣关系的关员、人员，迅速解除其身份证明以及进入经营场所和信息系统的权限。

（4）在国家法律规定范围内，应征求企业的同意，以便能够查询特定人员的信息，如转包商、超时使用企业设备的人员等。

（十一）商业伙伴安全

海关应当建立一套企业的标准和机制，这样全球供应链安全就可以通过企业自愿提高它们的安全措施从而得到加强，这些可以在国家标准中予以补充规定。

企业要求：

（1）在必要情况下，在商业模式可能的范围内，企业在与贸易伙伴进行合同谈判时，应鼓励贸易伙伴评估和提高供应链安全，也可在合同中予以明确。此外，企业应保留在加强贸易伙伴的安全方面所做的努力的证明文件，并应海关请求提供相关文件。

（2）开始签订合同前，对贸易伙伴相关信息进行核实。

（十二）风险管理和灾后重建

为了降低灾难和恐怖袭击的影响，风险管理和灾后重建程序应该包括针对特殊情况的预先计划和应急工作机制的建立。

海关和企业要求：

（1）在必要情况下，与相关部门共同研究制订应对恐怖袭击和灾后重建的紧急安全情况的计划。

（2）人员定期培训和对应急计划进行测试。

（十三）测评、分析和提高

企业和海关应采取相应的跟踪、测评、分析措施，以便实现评估指南的连贯性，确保安全管理制度的完整性和充分性，从而提高供应链的安全。

企业要求：

（1）根据国内 AEO 制度的规定，定期对其经营情况的安全风险开展评估并采取适当措施以降低这些风险。

（2）建立和开展安全管理制度的自我评估。

（3）明文规定自我评估程序和责任方。

（4）将评估结果、反馈意见及可能提高的工作建议整合在一个计划里，为未来的安全制度的充分性提供参考。

三、AEO 的便利

《标准框架》以四个核心元素为前提，其中第四个核心元素是成员海关要向满足供应链安全的最低标准并采纳最佳做法的企业提供相应的便利（《标准框架》第 1.3 节）。此外，《标准框架》第 3.3 节提供了一些详细示例供参考。最后，通过达到贸易便利和贸易安全之间的平衡，实现有效实施《标准框架》的最佳状态。为企业提供切实的便利是实现平衡的一种方式。

由于国家立法的限制，任何有关海关监管的便利必须由各成员海关单独提出，并进行必要的详细说明。《标准框架》支柱二中的标准 3 规定了相关便利必须切实可行，并以文件记载。便利措施应超过非 AEO 企业的常规监管程序，同时，不会导致丧失适用现有常规程序。

《标准框架》的最终目标是实施世界海关组织国际核心标准。这些标准可根据各国实际要求进行补充。《标准框架》参与者分阶段引入 AEO 项目时，应努力保持便利措施与相关要求同步。在实施期间，允许便利措施逐步发展十分重要。为成员提供能力建设应着重提供便利措施的能力，如对低风险货物简化程序，增加全球贸易供应链的安全。

便利措施应是有意义的可测量的和可报告的。AEO 项目所包含的便利措施可以划分为几类，供各海关参考。这些便利措施并不是所有海关必须提供的强制规定，而是有待于特定海关予以考虑、提供和认可。便利措施示例包括世界海关组织公约、某些成员海关运作的项目、欧盟法规以及商界信息等。

（一）加速货物放行，降低运输和存储成本

（1）减少有关货物放行的数据。

（2）加速处置、放行货物。

（3）最少数量的货物安全查验。

（4）当有必要进行查验时，优先使用非侵入式检查技术。

（5）对资质良好的 AEO 企业减少一定费用。

（6）当切实需要，并经证实后，海关办公场所对其持续开放。

（二）为 AEO 企业提供有价值的信息

（1）经 AEO 企业同意，可将其名称和联络信息告知其他 AEO 企业。

（2）已经实施《标准框架》的国家名单。

（3）经认可的安全标准和最佳做法的目录。

（三）在贸易中断或提高贸易安全威胁等级期间的相关措施

（1）在威胁等级提高期间，海关予以优先处理。

（2）在发生要求关闭口岸或边境的突发事件后，重新开放口岸或边境时，予以优先处理。

（3）在发生突发事件后，可优先出口到受影响国家。

（四）在海关实施新的货物监管模式时予以优先考虑

（1）基于账户的报关程序，而不是逐票申报。

（2）简化结关后的相关手续。

（3）适用自我内部审计，减少稽查程序。

（4）加速处理结关后质询事件。

（5）在海关估定规定的违约偿金时予以适当减免，以及减轻对违规行为（非犯罪，且瞒骗行为除外）的行政处罚。

（6）增加进出口货物的无纸通关程序。

（7）对海关法规咨询优先反馈。

（8）适用海关远程通关程序。

（9）如发生违规行为（非犯罪，且瞒骗行为除外），在海关启动行政处罚程序之前，可申请采取纠正措施。

（10）无须支付滞纳金，除非产生了利息。

四、AEO 的审核和认证

《全球贸易安全与便利标准框架》中包含有关审核和认证制度的要求。《标准框架》支柱二（海关与商界的伙伴关系）中标准 3 规定："海关应和商界共同制定一套完整的认证程序或者资质鉴定程序，为经认证的经营者提供鼓励机制。"

由于设计这些制度的职责取决于各世界海关组织成员同意实施《标准框架》，《标准框架》有关审核和认证规定的目的就是为世界海关组织成员提供指导和实施方向。

海关设计并实施的审核和认证制度应与《标准框架》及其附件里规定的标准相一致，并充分考虑现有的国家层面海关－商界供应链安全管理项目中的最佳做法。认证制度还应重点考虑企业守法水平的不同层级。《AEO实施指南》中的"条件、要求和便利"部分规定了相关核心标准。实施程序还应包括基于激励机制的便利措施，并考虑企业在国际贸易供应链中从事不同活动/承担不同职责所对应的不同风险级别。AEO 项目的审核和认证包括下列实施程序：

（一）申请及认证

企业应向本国海关提交申请，海关依据《标准框架》中规定的保障供应链安全标准，对其进行认证。

企业必须将这些安全标准与自身经营实践和制度相结合。企业应建立自我评估机制，以管理和监督其商业活动遵守相关标准的情况。为有效地实施自我评估，企业应在管理层指定专人负责 AEO 项目中所有供应链安全方面的措施。此人还应负责与海关在 AEO 身份鉴定以及标准维护方面进行沟通。经审核完全符合 AEO 条件及要求的企业将获得海关的认证。

申请企业必须在海关规定的时限内达到《AEO 实施指南》所规定的相关条件和要求。根据企业在供应链中的特定角色以及所从事的贸易本身的特点，上述规定期限可以有所区别。

AEO 的认证将保持有效，如发生实质性违反认证条款和条件规定的情况，则认证将被暂停、撤回或撤销。国家 AEO 项目中必须包含申诉渠道，企业可对海关的不准予、暂停、撤回或撤销 AEO 身份等相关决定进行申诉。

企业执行《标准框架》中的所有标准和程序必须是自愿的，海关不能强制企业加入 AEO 项目。

在国家 AEO 项目中，应规定海关回复企业申请的合理期限。AEO 项目中还应针对集团公司旗下的某一公司单独申请 AEO 身份的情况进行规定。

（二）审核程序

《标准框架》所包含的安全体系和海关实施资质鉴定的最佳做法，要求由海关来完成审核程序。经资质鉴定合格的申请企业，最终将由海关进行 AEO 身份的认证，并由海关决定对 AEO 身份认证的暂停和撤回。鉴于上述情况，也可委派第三方来实施审核程序，对申请企业是否符合《标准框架》中规定的有关安全标准和最佳做法进行评估。第三方应在认证制度、供应链安全标准知识等领域具有一定经验，对不同类型企业的商业运作模式有充分而准确的认识，并具备充足的资源以保障及时实施审核程序。在单个国家 AEO 项目中，使用第三方审核不应限制海关间 AEO 认证的相互认可。企业可选择由海关直接进行审核。

海关不应设置其他保障贸易安全和便利的标准和要求，而增加国际贸易界的负担。

海关或委派的第三方应确保负责审核程序的专人是受过培训且合格的。在审核程序中以及在认证范围内所涉及的信息，仅限于在海关、委派的第三方以及相应企业之间使用,应对信息保密并只能用于特定的认证用途。

海关和企业应进行协调,将反馈及逐步改进机制纳入审核和认证程序。

监督程序应包括基于风险分析的稽查,如果可行,还可由海关或委派的第三方适当进行随机的实地抽查。企业应对国家 AEO 项目中所规定的 AEO 实施安全体系的相关文件进行维护,以供检查。

(三)评估与维护

海关与企业应开展定期交流与联合评估以保持企业守法水平,并在可行的情况下,识别可提高安全水平的方法措施。定期评估将有助于企业尽快改进其有关安全机制,并为海关提供了维护 AEO 相关标准运作的机制。

作为认证体系的一部分,为了保障定期交流并推动审核程序,海关可在国家 AEO 项目中规定相关标准,要求企业定期完成报告,提供《AEO 实施指南》所规定的有关安全信息。

为了确保 AEO 认证制度的合法性和有效性,海关定期举办研讨会讨论国家 AEO 项目的进展情况,找出普遍问题并交流最佳做法。

(四)未来发展

AEO 认证制度的标准化为发展 AEO 身份国际相互认可制度(双边、次区域、区域以及未来全球范围内等多层次)提供了稳固的平台。在这个制度中,由一国海关认可的认证制度在另一成员同样适用。这将为 AEO 在各成员间提供相同的便利,对于实施 AEO 标准的所有成员,也将提高其贸易活动的可预见性,提高贸易效率。

(五)申请程序概要(国际贸易供应链中与货物处置相关的企业)

(1)申请企业和海关应确认本项目为自愿性项目,并同意实施《标准框架》所规定的与 AEO 职责相关的核心要求。

(2)基于自身商业模式和风险分析,申请企业必须实施《AEO 实施指南》规定的体系、机制、条件和要求。

(3)申请企业应与海关合作,实现电子信息的提前申报,以供风险评估。

(4)在审核企业有关 AEO 身份申请时,海关将考虑下列质量标准:①在海关及其他相关执法部门的守法记录;②遵守相关法律、法规的情况；③依据国家相关法律成立公司的证明文件；④证明经营场所永久性的相关报告；⑤现有质量保证体系的证明文件；⑥企业高层人员无犯罪记录；⑦企业具备对员工、经营场所、设备及其他资产良好控制制度的有关证明文件。

（5）海关必须对申请企业进行审核，评估其是否完全符合《标准框架》规定的有关 AEO 身份的条件和要求，才能实施认证。海关可指定第三方实施审核程序，对申请企业是否符合《标准框架》中规定的有关安全标准和最佳做法进行评估。不管使用何种方式，有关认证和审核的决定均属于海关权力范围。如切实可行，海关和指定的第三方应在合理期限内完成审核。

（6）在审核程序中以及在认证范围内所涉及的信息，仅限于在海关、指定的第三方以及相应企业之间使用，应对信息保密并只能用于特定的认证用途。

（7）经审核符合 AEO 条件和要求的申请企业，海关应适时给予 AEO 身份认证。

（8）审核程序应由海关授权并指定的专人负责实施，或由指定的第三方代表负责实施，并应基于国际公认的审计和检查原则进行审核。

（9）根据海关相关法规的规定，申请企业应妥善在国际贸易供应链中的贸易记录，以供海关审核及定期稽查。

（10）海关将通过定期评估、海关联络员的定期交流以及随机实地核查等方式来验证认证体系和制度的完整性。

（11）AEO 的认证将保持有效，如发生实质性违反认证条件的情况，认证将被撤销、撤回或暂停。以下为认证被撤销、撤回或暂停的示例：①申请企业不能遵守认证的条件和规定；②企业的管理者不能依法管理和开展经营活动，或正处于审理、未结案的法律程序中，致使海关无法直接管理；③如企业不能为海关当局提供《AEO 实施指南》规定的有关文件及 / 或关于人员、经营场所、设备及其他资产的信息。

（12）海关可根据实际情况对认证审核和监督制度做出调整，尤其是在申请企业所从事的贸易行业风险级别发生变化以及履行能力发生变化的情况下。然而，任何调整都应事先征求企业意见，并为企业提供机会对海关所提出的调整原因进行评估和评论。

第三节　AEO 互认协定 / 安排

2018 年 6 月，世界海关组织（WCO）公布了《AEO 互认战略指南》（AEO Mutual Recognition Strategy Guide）。《AEO 互认战略指南》旨在为互认协定 / 安排（MRA）流程的高效实施提供简化的指导。《AEO 互认战略指南》还旨在补充世界海关组织现有的工具和法律文书，如经修订的《京都公约》和《全球贸易安全与便利标准框架》一揽子文件 [海关供应链一体化管理指南、AEO 实施指南、AEO 概要、AEO 申诉程序范本、AEO 益处、贸易救济指南（trade recovery guidelines）、AEO 与中小企业以及互认协定 / 安排指南]。

AEO 是一个海关与商界的伙伴关系方案，这一方案是既保障安全又便利贸易的手段。《标准框架》是一个为此目的提供总体指导的文件。海关当局的主要目标之一是建立其 AEO 的互认协定 / 安排（MRA）。互认协定 / 安排为 AEO 项目提供了一个平台，也为成员提供额外的利益。

一、AEO 的互认内涵

互认（mutual recognition，MR）是体现在《标准框架》中的一个广泛概念，即两个国家通过缔结协定或做出相应的安排，以相互承认一个海关当局对其本国企业进行的 AEO 认证。根据《标准框架》，鼓励海关与企业发展伙伴关系，以确保贸易安全和便利。此外，它还呼吁海关当局共同努力，制定有关 AEO 认证的互认流程、海关安全管控的标准，以消除或减少重复工作。

AEO 的互认是一个国际性的概念。AEO 认证制度的标准化为发展 AEO 身份相互认可制度（双边、诸边和区域以及未来全球范围内等多层次）提供了稳固的平台。

在全球 AEO 制度中，有一些已经签署并执行的互认协定 / 安排，也有一些正在谈判中的互认协定 / 安排。基于《标准框架》，每一个海关当局都制定了自己的互认方式。而基于世界海关组织工具和法律文书，互认协定 / 安排过程可以而且确实因不同成员海关而异。一些成员的集体经验为可能在互认过程中没有经验的成员提供一套范例、指导、经验教训、最佳做法、未来概念和连接点，以帮助这些成员取得谈判成功和获得互认成就。为使互认制度得到正常运作，必须做到：

（1）有协定的共同标准，包括制定对海关和 AEO 企业足够健全的切实可行的规定。

（2）统一实施标准，以使一方海关可信任对方海关所做出的认证结果。

（3）如果资质鉴定程序由经海关授权的指定机构来完成，则该机构应具有协定的运作机制及标准。

（4）进行立法以确保相互认可制度的实施。

在《标准框架》中，有三处涉及相互认可：

（1）支柱二，标准条款 3——资质认证。

（2）支柱一，标准条款 6——提前申报电子信息。

（3）支柱一，标准条款 7——布控和交流。

互认可以成为一种避免重复安全监管的方式，并可在很大程度上便利贸易以及加强监管国际供应链中流动的货物。

二、互认协定 / 安排的指导原则

1. 互惠性（reciprocity）

以使 AEO 企业得到其他海关当局的承认，并有权获得互惠利益。

2. 技术（technology）

可运用技术支持、维护和实施 AEO 项目和互认关系。国家 AEO 项目应通过信息技术系统进行管理，以便安全地交换和储存与 AEO 项目有关的信息。系统应能及时有效地向成员传播有关信息。系统的设计应具备在互认安排下以电子方式交换数据的能力，以便获得 AEO 身份和所提供便利的相关信息。

3. 透明（transparency）

为最大限度地实现伙伴关系的价值，应通过国家 AEO 项目实施来提高成员间的透明度。贸易成员应定期提供建设性意见以不断提高完善各成员的 AEO 项目和互认过程，从而促进并保障全球供应链中合法货物的安全运输。

4. 协调（coordination）

在各成员间，特别是双边教育中，进行最大化的协调。海关当局应就互认安排进行相关协调，以最大程度地获得程序有效性和标准化。

5. 愿景（vision）

各海关应鼓励对 AEO 认证和互认安排的未来进行展望，以推动超越当前参数的概念。循序渐进的思维将导致更高水平的全球供应链安全和贸易便利化。海关的未来取决于创新的解决方案和理想的模式。

三、互认协定／安排的准备

（一）互认前准备

在一海关当局与另一海关当局接洽以达成互认目标之前，应考虑源自各成员供应链的相应风险、进出口量以及 AEO 计划进程的成熟度等因素。在考虑互认前，海关当局应考虑以下条件：

1. 贸易量

各管理部门应对潜在合作伙伴之间的双边贸易进行分析，以确定签订互认协定／安排是否具有重大收益。

2. 政治意愿

如果相关互认合作伙伴是该成员及其海关管理部门的优先事项，且互认协定／安排将源自更大的协定，如海关互助协定（Customs Mutual Assistance Agreement，CMAA）、供应链安全协定或意向书，这将激起高层的兴趣，并为成功提供必要的政治支持。

3.《标准框架》

如果相关国家或地区是《标准框架》的签署成员，关键的海关与企业支柱基础将已经到位，从而有助于培养一个健康的谈判环境。

4. 共同法律基础

互认协定的有用性取决于合作伙伴交换信息的能力。信息交流的基石是海关互助协定或海关合作安排(Customs Co-operative Arrangements)。《AEO 互认战略指南》概述了共享执法信息的能力和限制。鉴于 MRA 的总体目标是加强供应链中的信任和安全，以此作为防止邪恶活动的方法，可以探索加强合作的法律基础（例如 CMAA ）。

5. 高层次的承诺

在启动 MRA 谈判之前，至关重要的是海关管理部门内部必须有高级别内部承诺。

6. 资源分配和可用性

明确规定完成 MRA 谈判过程所需 / 预期的时间长度，并确定人力和财政资源的水平和可用性是非常重要的。

7. 存在一个全面运作的计划

一个潜在的 MRA 合作伙伴必须拥有一个全面运作的计划，该计划应符合《标准框架》及各管理部门相应计划中所概述的最低安全标准。合作伙伴的方案必须具有包含严格的验证方法和强大的安全标准。

8. 联合工作计划

有意寻求互认的海关当局之间应制订并完成联合工作计划。联合工作计划通过提供双方海关当局进入 MRA 谈判阶段所需的方向引导，从而在谈判某个时点或整个过程中提供帮助。联合工作计划有助于确定每个海关管理部门的管理重点。

9. 获益和 IT 解决方案

各管理部门应确定它们可以为 AEO 成员提供的互惠利益。

（二）互认过程的培训

在与另一海关进行互认前，一海关当局还应考虑 MRA 培训课程的设置和 AEO 认证者 / 审计人员所应具备的系列技能。

因此，为一名有效的 AEO 认证员 / 审计员所设置的技能应是独特的和恰当的，并应进行初始和过程中的培训。AEO 认证员 / 审计员应从管理部门现有的经验丰富的员工队伍中选取。这些人员应在海关业务方面具有丰富的经验，以确保了解贸易安全、供应链机制和贸易问题。同样重要的是要认识到，这些员工通常会在公司业务环境中履行职责（通常是海关官员所不熟悉的）。在进行初始培训时，应确保认证员 / 审计员对下列基础知识有基本了解：

（1）《标准框架》。

（2）AEO 和互认的基本概念。

（3）AEO 认证员指南的使用。

（4）供应链是如何运作的。

（5）贸易安全。

（6）本国 AEO 项目的具体流程与程序。

实践练习是培训课程的一个关键要素，应充分利用，并最大限度地提高效果。建议利用海关 – 商界伙伴关系，利用行业物流和安全专家，酌情协助培训。应结合电子学习、课堂和在职培训策略，定期进行培训。在进行初始现场认证时，应要求新的认证员 / 审计员与经验丰富的人员密切合作。

同样重要的是，在一线官员中建立并保持对 AEO 计划的培训意识，以确保 AEO 企业得到适当的认可和适当的便利。

四、互认协定／安排的基本要素

许多正在制订 AEO 计划的世界海关组织成员都表示了对互认的兴趣，并且愿意更多地了解互认安排中的文本类型。根据已签署互认安排的成员管理部门的经验和文本，以下要素和信息被确定为潜在有用，应建议纳入互认安排文本中。

1. 要素 1：责任实体（responsible entities）

（1）本部分应明确指出参与协定 / 安排的两个海关管理部门的名称，

而不是用泛指的"政府"称谓。

（2）如果 AEO 认证流程或其部分由海关指派给一个指定方，必须有一个商定的机制和标准来保护该指定方。

2. 要素 2：兼容性（compatibility）

（1）本部分应包括确保提出的任何标准与 AEO 认证申请流程、AEO 申请评估、批准和监控 AEO 状态等保持一致的文本。

（2）应特别提及 AEO 项目与《标准框架》的兼容性和一致性。

（3）用以维持授权安全局势的授权后机制。

3. 要素 3：互认（mutual recognition, MR）

（1）这应该是协定 / 安排的最强点和焦点，应包括 MR 的核心概念。

（2）应规定一旦货物在自己的控制下，参与者在保留进行风险评估的权利包括指定检查的同时，将接受其对应方 AEO 项目的验证和批准状态。

（3）应明确提及这样一个事实，即由于方案已被确定为兼容，项目对应方的公司应被视为低风险公司。

（4）应提及，如果一个互认合作伙伴发现另一合作伙伴国家 AEO 项目中涉及 AEO 违规行为时所应遵循的程序。

（5）可以包括这样的内容，表明一个管理部门有权根据商定的程序单方面撤销和 / 或暂停 MRA 合作伙伴的特定 AEO 项目或所有 AEO 项目的利益，并及时与其对应方沟通。

（6）可以提及因破坏而中断的贸易流动的商业 / 贸易恢复，拥有 AEO 状态是可允许公司考虑在此类事件后恢复贸易时有优先权的有益方面之一。

4. 要素 4：信息交流和参与者沟通

（1）应包括这样的内容，即管理当局与其对应方共享有关 AEO 项目内变化或演变的相关信息，或任何重要的相关培训活动。

（2）应包括这样的内容，即规定如何将一个合作伙伴管理部门在其自身项目中执行的 AEO 暂停和撤销通知给另一个合作伙伴，以暂停授予互认利益。这应区别于上述章节中所述的单方面暂停。

（3）管理当局应考虑包括参考供应链安全和风险管理信息，可能恰当地利用国家目标中心，及其他相关信息和在其海关组织内的威胁分析机构。

（4）如果两个管理当局之前签署了相关的信息共享协定，如海关互助协定（CMAA），则应包括一份参考文件，说明 MRA 的信息交换功能与该协定具有一致性。如果不存在此类 CMAA，管理部门可能需要具体确定应共享哪些类型的海关信息以及如何在本部分中使用这些信息。

5. 要素 5：今后的努力（future endeavors）

（1）AEO 项目经常在不断演变，因此可能有必要将重点放在一些项目上，这些项目虽然不能在当前项目内立即采取行动，但可能是未来相互合作的努力。

（2）本部分还可能提及互认所能带来的潜在的益处，虽然这些益处目前还不可用，但这些益处可能得以实现。

6. 要素 6：修改和协商（modification and consultation）

应提及 MRA 可在双方参与者同意的情况下进行修改。

7. 要素 7：协定 / 安排的状态（status of arrangement/agreement）

（1）本部分可能提及 MRA 是否产生或不产生具有法律约束力的承诺（基于文本细节）、国际法或国内法规定的义务、特定当事人的权利或特权。

（2）本部分或许还可以指出，MRA 并不限制与其他国际条款、协定、条约以及国内法律和惯例有关的合作与援助。

8. 要素 8：开始和中止 / 结束（commencement and discontinuationtermination）

应包括明确 MRA 何时生效的语言（通常在签署时生效，尽管合作伙伴可能选择其他时间段）以及 MRA 暂停、中止或结束的流程（通常任何一方政府都有权立即中止该安排，但应努力为其对方提供一定的提前时间过程）。

五、互认过程

（一）互认过程概述

互认过程应涵盖四个基本领域。

（1）项目比较：应通过共享项目信息和文件，对 AEO 项目进行并行比较，确保项目兼容性和互惠性，从而完成各个项目的全面交叉比对。运营层面活动中发现的差距应在现场验证观察期间加以关注。

（2）现场验证观察：至关重要的是，通过协调管理当局各自的多个观察结果，在运营层面分析各方案，以确保方案运营和现场验证具有可比性和兼容性。观察必须确保采用系统的方法进行验证，以确保安全标准得以审查。这些观察不是为了评估公司，而是为了评估 AEO 项目。没要求固定数量的观察结果，但这些观察应包括属于该项目的不同商业实体，以便提供充足的 AEO 项目的交叉面。

（3）文本内容谈判：尽早交换初稿文本，有助于内部相关方在其他 MRA 过程中同时进行充分的法律审查和修订。

（4）实施：常言道，达成协定和签署 MRA 是容易的；事实上，实际投入运行才是真正的挑战。实施 MRA 的计划是至关重要的，因为这是 AEO 成员企业将从成功的 MRA 中获得回报的地方。

（二）互认协定 / 安排的谈判过程

一旦高层领导决定了与伙伴国家 / 项目进行 MRA 谈判，建立谈判流程并就预期进行初期讨论就是至关重要的，目的是提供清晰的愿景和适当管理预期。本阶段将定义的一些领域，包括：①谈判范围参数；②确定角色；③时间区间；④法律草案；⑤评价机制；⑥沟通计划。

这些领域可以通过以下方式得到有效解决：

（1）各海关管理部门负责人之间交换信函，正式启动 MRA 谈判过程，以确认各管理部门的承诺。它还有助于在管理部门内表明承诺，支持谈判进程所需的内部活动。

（2）谈判开始时可考虑讨论 MRA 文本的法律前提，以避免对语言或意图的任何误解（例如，有约束力的文件与无约束力的文件，交换可能的草案）。

（3）明确了解每个成员可提供的 MRA 益处类型、申请程序以及信息交流所需的任何 IT 要求。

（三）互认协定 / 安排的实施

在 MRA 谈判过程中，各方的实施时间表和期望需要尽早谈判。AEO 标识和系统功能通常因每个海关管理部门而异。因此，要有适当的机制来确认外方 AEO 项目成员，以便提供利益。要考虑以下事项：

（1）AEO 标识——各管理部门可能会以不同方式识别其 AEO 成员。由于缺乏全球通用标识，了解每个成员如何在各自的 IT 系统中识别其他成员的身份非常重要。

（2）AEO 确认——应清楚了解其他成员 AEO 项目的确认过程。这个过程可能需要与 AEO 众项目共享，以便它们使其他成员获益。

（3）获益——每个成员应清楚地概述其 AEO 项目成员可获得的利益以及它们能够向另一方 AEO 计划成员提供的利益。

（4）透明——双方在确定信息交流能力时应保持透明（例如未来 IT 改进、临时解决方案和期望）。

（5）隐私法——每个国家的隐私法和信息保护指南可能有所不同。在交换海关信息时，必须尊重彼此的限制。

（6）信息交换——应商定待交换信息的类型、交换频率、联系人以及可能发生变化的情况（例如成员特权被撤销）。

（7）通知协定的测试——既然根据 MRA 和 AEO 成员公司的身份应用互惠利益，那么测试商定的通知协定至关重要，以确保在公司状态发生变化时能够及时通知另一方。

（8）信息保护——虽然 MRA 应涵盖信息安全要求，但应在实施程序中解决数据保护问题。

（9）提升认知／常见问题——管理当局应共同制定提升认知的材料（如宣传册、常见问题等），以确保 AEO 项目成员能够了解它们如何从 MRA 中获益。

（四）互认协定／安排的维护（在签署 MRA 后和开始实施 MRA 时）

除了定期交换 AEO 项目成员名单和项目状态外，与 MRA 合作伙伴保持流畅的沟通至关重要。不仅与 AEO 项目成员直接相关，而且与各 AEO 项目直接相关的信息应根据需要经常交换，以确保 MRA 的最大效率和有效性。这可能包括对 AEO 政策或程序、IT 系统、人员配备水平等的更新。要定期观察彼此的验证过程。建议协调这些观察结果，以涵盖各管理当局

AEO 成员中各商业实体的重要代表性。

此外，MRA 合作伙伴需要制定明确的协定，以处理一个伙伴的 AEO 违规情况，以及所采取的行动是否 / 如何影响另一个伙伴相关的 AEO 项目。此类协定应包括具体的报告时限，以便及时采取任何行动，确保国际供应链不受损害。

AEO 和 MRA 是鲜活的，没有理由相信它会很快消失。因此，作为世界海关组织的成员，有责任确保继续分析和改进这些流程，以便它们在不断变化的全球海关格局中保持相关性。随着海关当局继续加强贸易便利化，应该在 AEO 和 MRA 中不断寻找机会，为那些已经并将继续投资改善全球供应链安全的值得信赖的合作伙伴提供更多便利。保持灵活的姿态，倾听贸易的声音，并始终寻求改进，将使海关管理在未来处于有利地位。

第四节 贸易便利化与 AEO 互认制度

贸易安全与便利化是当今世界国际贸易的两大核心，各国的对外贸易政策不外乎针对这两个核心展开。

"贸易便利化"一词在各种文献中已屡见不鲜，但迄今在世界范围内尚无一个被普遍接受的统一定义。WTO（1998）和 UNCTAD（2001）都认为，贸易便利化是指国际贸易程序（包括国际货物贸易流动所需要的收集、提供、沟通及处理数据的活动、做法和手续）的简化和协调。OECD（2001）对贸易便利化的表述是：国际货物从卖方流动到买方并向另一方支付所需要贷款的程序及相关信息流动的简化和标准化。UN/ECE（2002）将贸易便利化定义为：用全面的和一体化的方法减少贸易交易过程的复杂性和成本，在国际可接受的规范、准则及最佳做法的基础上，保证所有贸易活动在有效、透明和可预见的方式下进行。亚太经合组织（2002）的定义是：贸易便利化一般是指使用新技术和其他措施，简化和协调与贸易有关的程序和行政障碍，降低成本，推动货物和服务更好地流通。

贸易便利化从 20 世纪 70 年代起就一直是世界海关组织致力于改革的终极目标，包括世贸组织在内的诸多政府间国际组织都一直从多边或区域角度对贸易便利化问题给予关注，以期能够建立足够高效的世界贸易便利体系。

尽管关于贸易便利化的表述有所不同，但基本精神是一致的，即简化和协调贸易程序，加速要素跨境的流通。近年来，人们更多地从广义的范围（即影响贸易交易的整个环境）来考虑贸易便利化问题。在实践中，各种促进贸易便利化的措施大都体现在通过贸易程序和手续的简化、适用法律和规定的协调、基础设施的标准化和改善等，为国际贸易活动创造一个简化的、协调的、透明的、可预见的环境。因此，贸易便利化涉及的内容十分广泛，几乎包括了贸易过程的所有环节。其中，海关与跨境制度是问题的核心，此外还包括运输、许可、检疫、电子数据传输、支付、保险及其他金融要求、企业信息等诸方面。

随着多边、区域、双边和单边的协作及努力，影响国际贸易活动的障碍或壁垒正逐渐减少或被约束，各国的贸易制度日趋开放。而随着国际贸易规模的扩大和各国及地区贸易联系的加强，"贸易的非效率"作为一种"隐形"的市场准入壁垒日益受到众多国际组织、各国政府和贸易界的普遍关注，促使人们开始高度重视各种贸易管理程序的合理化。

数十年来，许多政府间和非政府组织如联合国贸发大会、联合国欧洲经济委员会、世界海关组织、国际商会、经济合作与发展组织、国际货币基金组织和世界银行等一直在为实现更简便、更协调的国际贸易程序这一目标而努力，有关进一步减少和消除要素跨境流动的障碍、减低交易成本、建立高效的贸易便利体系等内容已成为多边、区域、双边经贸合作的重要内容。世贸组织自 1995 年成立以来也开始对贸易便利化问题进行全面考虑和专门分析。经过数年的酝酿和极富建设性的争论，各成员最终就将贸易便利化作为"新加坡议题"中的唯一议题纳入"多哈发展议程"谈判达成了共识。贸易便利化是贸易自由化的一个新的推动力，是世界经济的一个增长点。

一、《贸易便利化协定》

2013 年 12 月，世贸组织巴厘部长级会议上通过了《贸易便利化协定》。2014 年 11 月底，世贸组织通过有关议定书，交由各成员履行国内核准程序。经国务院批准，我国于 2015 年 9 月 4 日向世贸组织提交批准书。2017 年 2 月 22 日，随着卢旺达、阿曼、乍得以及约旦等 4 个成员向 WTO 提交批准书，已有 112 个成员接受该协定，超过了《WTO 协定》规定的三分之二成员接受的生效条件，协定正式生效。2019 年 6 月 24 日，埃及向 WTO 递交批准文书，成为《贸易便利化协定》第 144 个成员。目前，《贸易便利化协定》核准成员数为 144 个，近 90% 的 WTO 成员批准该协定。

从全球来看，《贸易便利化协定》的生效和实施将便利各国贸易，降低交易成本，推动世界贸易和全球经济的增长。

《贸易便利化协定》的根本目的在于简化和明确国际进出口程序、口岸部门管理及过境要求，简化贸易管理并降低成本。

世贸组织预测，《贸易便利化协定》将平均削减 10% 的全球层面贸易往来成本，可使商业成本降低 3500 亿至 1 万亿美元，按每年全球出口额计算，可以推动全球贸易额增加 330 亿至 1000 亿美元。

《贸易便利化协定》作为 WTO《多哈回合谈判最终文件》的"一揽子协议"，是不得保留的条约，具有非常强的执行力，完全不同于 WCO 主导下的贸易便利化内容。

《贸易便利化协定》的生效和实施对成员口岸基础设施、管理方式以及口岸管理部门之间的协同等方面提出了更高的要求。

《贸易便利化协定》是中国加入世贸组织后参与并达成的首个多边货物贸易协定。中国作为全球第一大货物贸易国，《贸易便利化协定》的生效和实施不仅将有助于中国口岸综合治理体系现代化，还将普遍提高我国主要贸易伙伴的贸易便利化水平，促进中国产品出口并营造便捷的通关环境。

二、《贸易便利化协定》的主要内容

《贸易便利化协定》共分为三大部分，24 条。

第一部分（第 1 至 12 条）规定了各成员在贸易便利化方面的实质性义务，涉及信息公布、预裁定、货物放行与结关、海关合作等内容，共 40 项贸易便利化措施。

第二部分（第 13 至 22 条）规定了发展中成员在实施《贸易便利化协定》第一部分条款方面可享受的特殊和差别待遇，主要体现在实施期和能力建设两个方面。根据协定，发展中成员可在第一部分条款中自行确定在《贸易便利化协定》生效后立即实施的条款（即 A 类措施）、经过一定过渡期实施的条款（即 B 类措施）和经过一定过渡期并通过能力建设获得实施能力后实施的条款（即 C 类措施），并向 WTO 通报。

第三部分（第 23 至 24 条）涉及机构安排和最后条款，规定成立 WTO 贸易便利化委员会，各成员应成立国家贸易便利化委员会或指定一种现有机制以促进《贸易便利化协定》的国内协调和实施，以及《贸易便利化协定》适用争端解决机制。

三、《贸易便利化协定》制定了"认证运营商"条款。

"认证运营商（AO）"概念与世界海关组织提出的 AEO 概念类似，但更加具有约束性。

《贸易便利化协定》的 AO 条款为 WCO 的 AEO 项目在新时期的发展增加了动力，提供了新的契机，AO 项目和 AEO 项目将会走向全面融合，并推动 AEO 制度在全球范围内加速发展。

AO 认证的核心基础是 AEO。AO 作为 WTO 优质企业的标志，其核心认证标准涉及 AEO 的认证标准——简化和明确国际进出口程序、口岸部门管理及过境要求，简化贸易管理及降低成本。

四、单一窗口

单一窗口是贸易商能够通过一个入口，向各相关政府机构提交货物进出口或转运所需要的单证或电子数据；如果按照联合国贸易便利化和电子业务中心 33 号建议书做出的解释，单一窗口指参与国际贸易和运输的各方，通过单一的平台提交标准化的信息和单证以满足相关法律法规及管理的要求。

单一窗口通常要具备四个要素：一是一次申报，也就是说贸易经营企业只需要一次性向贸易管理部门提交相应的信息和单证；二是通过一个设施申报，该设施拥有统一的平台，对企业提交的信息数据进行一次性处理；三是使用标准化的数据元，贸易经营企业提交的信息应为标准化的数据；四是能够满足政府部门和企业的需要。

单一窗口的三种基本模式。国际上比较流行的单一窗口主要分为三种模式：①单一机构模式，就是由一个机构来处理所有的进出口业务，该机构系统在收到企业进出口贸易申报数据后直接进行各项业务处理；②单一系统模式，是由一个信息系统处理所有的业务；③公共平台模式，通过大家建立的共同平台实现申报数据的收集和反馈，企业仅需要填制一张电子表格就可以向不同的政府部门申报，申报内容经各政府部门业务系统处理后自动反馈结果到企业的计算机中。

第二章

"一带一路"沿线国家的 AEO 制度

第一节　AEO 制度实施情况概述

世界海关组织引领实施的 AEO 制度是稳固的海关－商界伙伴关系公认的关键驱动因素，旨在建立一个安全、透明和可预测的贸易环境，保证了世界经济的繁荣。

世界海关组织强烈建议实施 AEO 计划，并支持将各种形式的"合规项目"和世贸组织《贸易便利化协定》规定的"授权经营者计划"（authorized operator schemes）作为全面实施 AEO 计划的基石。

一、《标准框架》的 AEO 概要

在过去几年中，已签署和正在谈判中的互认协定／安排（MRA）的数量大大增加。这些积极的动态显示了所有利益相关者的更大参与度，为实现双边、诸边或区域互认协定／安排提供了协调的基础。

除了为建立、维护和强化 AEO 项目而制定标准、指南并向世界海关组织成员提供能力建设支持外，世界海关组织还促进了世界海关组织成员和主要利益攸关方之间在执行 AEO 和 MRA 方面的交流与合作。意识到世界海关组织成员间 AEO 项目得到有力发展，世界海关组织每年会更新 AEO 概要（AEO compendium）。该概要旨在成为制定／加强国家／区域 AEO 项目的主要信息来源，包括一些好的实践做法。

近年来，AEO 制度在促进贸易安全与便利、提升海关现代化水平、促进经济增长和企业竞争力方面发挥了重要的作用，开展 AEO 互认已成为国际海关合作的一项重要内容。

世界海关组织编制的 AEO 概要包含了当前 AEO 的简明、具体和结构化概述，世界海关组织成员实施的方案和多边协议。除提供 AEO 和海关的基本信息外，AEO 概要还包括对各自 AEO 的简要概述、课程标准、认证程序和好处。信息不仅限于现状，还包括成员的未来发展形势与举措。

AEO 概要包含在世界海关组织的安全包中。虽然安全包的标准框架提供了 AEO 计划的单一定义，有许多与受信任的交易者问题相关的计划，但没有海关合规项目的定义。

二、合规项目

合规项目的概念明确区别于《标准框架》的 AEO 项目，最可能被定义为海关便利化项目。在此项目下，经营者必须提供一份符合海关要求的适当记录、一份令人满意的管理商业记录，以及良好的财务偿付能力。

《标准框架》的 AEO 项目和合规项目之间的主要区别在于：2018 年版《标准框架》附件四中所规定的安全要求并未明确包括在合规项目中。此外，合规项目可能没有共同的具体的准则和标准。因此，双边 / 诸边 / 区域互认项目可能更具有挑战性。

三、认证运营商计划

《贸易便利化协定》鼓励 WTO 成员实施在全球范围内制定国际标准（如果存在此类标准）的认证运营商计划。

世界海关组织标准得到了相应的支持包，即 AEO 实施指南、AEO 概要、AEO 验证程序指南、示范 AEO 上诉程序、经认证的经营者和中小企业、中型企业、AEO 模板和互认协定 / 安排战略指南，可有效支持和协助世界海关组织成员实施认证运营商计划。

四、各项目的实施状况

根据世界海关组织的数据，全球范围内已有 97 个国家（地区）实施

AEO 制度，并已签署 91 个互认协定。中国海关正在积极推进与俄罗斯等"一带一路"重要节点国家及重要贸易国家的 AEO 互认磋商，不断扩大 AEO 互认国家范围，助力 AEO 企业在更多国家和地区享受通关便利（2021 年数据）。

在《标准框架》的背景下，合规项目可能是走向《标准框架》所要求的 AEO 计划的基石。这就是说，除非符合《标准框架》的所有要求，否则不会获得《标准框架》条件下的 AEO 认证授权。

综上所述，2020 年版 AEO 概要由四部分组成：世界海关组织安全《标准框架》（第一部分）、海关合规方案海关管理局（第二部分）、AEO 计划的相互承认协定 / 安排（第三部分），以及一份附录（包含了本手册各部分的信息摘要）和 AEO 概要正文（第四部分）。

根据各成员 2020 年提供的信息，AEO 具体执行情况如下：

目前全球有 97 个 AEO 项目在执行中，还有 20 个正在开发的 AEO 项目。33 个海关合规项目在执行中，还有 4 个海关合规项目将要发布实施。87 个双边和 4 个诸边 / 区域互认项目已完成，还有 78 个互认项目正在谈判中。

根据世界海关组织 AEO 概要 2020，97 个执行中的 AEO 项目被分为 6 个地区：①南美、北美、中美洲和加勒比海地区；②远东、南亚和东南亚，澳大利亚和太平洋岛国区域；③欧洲区域；④东非和南部非洲；⑤北非和附近及中东地区；⑥中非和西非地区。

第二节　塞尔维亚的 AEO 制度

AEO 互认旨在通过海关对守法程度、信用状况和安全水平较高的企业进行认证，给予企业通关便利。不同国家海关之间可以通过 AEO 互认，给予对方符合资质的企业相关便利。

塞尔维亚是我国在中东欧地区重要贸易伙伴，也是"一带一路"沿线国家。近年来，中塞两国经贸往来十分密切，双边经贸发展迅猛。2020 年，中塞双方贸易总值为 21.2 亿美元，同比增长 52.3%。其中，对塞尔维亚出口 16.2 亿美元，同比增长 57.3%；自塞尔维亚进口 5 亿美元，同比增长 38%。

中塞 AEO 互认协定是中国与剩余 5 个非欧盟成员国签署的第一份 AEO 合作文件。这既有利于提升中塞双边贸易安全与便利化水平，也为推进与中东欧 17 国实现 AEO 全覆盖合作打下基础。中国与塞尔维亚已经签署经认证的经营者制度互认协定。这意味着，中塞双边贸易安全与便利化水平将迎来更大提升。

根据协定，中国和塞尔维亚海关向对方 AEO 企业提供的便利措施包括：适用较低的单证审核率；适用较低的进口货物查验率；对需要实货检查的货物给予优先查验；指定海关联络员，负责沟通解决项目成员在通关中遇到的问题；在国际贸易中断并恢复后优先通关。

一、经认证的经营者

在塞尔维亚共和国海关区建立并符合本法规定条件的经营者，可以申请经认证的经营者身份。

海关在征求海关总署意见后，必要时经与其他主管海关协商，授予经认证的经营者身份。

经认证的经营者可享受海关关于安全的海关监管或海关法规定的简化手续的便利。

经认证的经营者应通知海关其获得该地位后可能影响其内容的所有因素。

二、授予经认证的经营者身份的标准

经认证的经营者身份的标准应当包括：

（1）在授予该地位之前遵守海关立法的相关记录。

（2）令人满意的商业管理制度和运输记录，符合海关监管。

（3）经证明的财务偿付能力。

（4）从事国际贸易相关的安全标准。

三、实施标准的要求

政府规定：

（1）授予经认证的经营者身份的条件。

（2）审查经认证的经营者身份的条件。

（3）批准使用简化程序的条件。

（4）在海关安全监管方面可以给予便利的类型和范围，并考虑到联合风险管理规定；与海关合作的条件并向海关提供相关数据。

（5）暂停经认证的经营者身份的条件（比如撤销）以及暂停（撤销）的程序。

（6）在塞尔维亚共和国海关关境内免于申请经认证的经营者的类型。

四、颁发证书的程序

（一）一般规定

海关在不影响海关法规定的关于简化手续的情况下，可以根据《海关法》第8条、第9条、第10条规定，向经认证的经营者颁发证书（以下简称"AEO证书"），具体如下：①AEO证书——符合本条例第28条和第29条规定的，可享受海关简化利益；②AEO证书——当货物进入或离开塞尔维亚共和国海关关境时，符合本条例第27条和第30条规定的，可享受海关监管的安全便利；③AEO证书——符合本条例第27条和第30条规定的，可享受本款第一点和第二点所述的海关简化/安全便利的利益。海关应当考虑到经认证的经营者的具体特点，特别是中小型企业。

如拥有本条例第21条第一款或者第三款所述的证书，经认证的经营者根据本条例第215条、第218条、第223条、第226条、第230条、第231条、第237条、第238条第一款和第423条规定可申请一次或多次批准，海关不用再审查已审核的守法条件。

拥有本条例第 21 条第一款、第二款或者第三款所述证书的经认证的经营者在提交入境汇总申报时，主管海关可以在货物进入塞尔维亚共和国海关前通知经认证的经营者，基于安全风险分析，抽选该批货物进行实际检验。在不危及海关实施监管时，才发出此通知。

主管海关可以在货物进入塞尔维亚共和国海关关境前不通知经认证的经营者，抽选该批货物进行实际检验。本规定也适用于货物离开其关境的情形。

拥有本条例第 21 条第一款第二点或第三点所述证书的经认证的经营者可以提交比规定少的出入境汇总申报。

持有本条例第 21 条第一款第一点、第二点或第三点所述 AEO 证书的承运人或者货运代理，如果其出入境汇总申报单中指定的发货人或收货人均持有本条例第 21 条第一款第一点、第二点或第三点所述 AEO 证书，也可以提交比规定少的出入境汇总申报。

海关可要求持有证书的经认证的经营者（享有提供较少信息）提交补充信息，以确保 AEO 证书互认制度和国际条约相关的安全措施正常运作。

与其他经营者不同，拥有证书的经认证的经营者享有较少实物检查和单证检查权利。鉴于其他法规规定的监管风险或责任，海关可以做出其他决定。

主管海关在风险分析后选择进一步查验出入境汇总申报或 AEO 单独提交的报关单项下的货物时，将优先予以查验。如果 AEO 提出请求，并经主管海关同意，则可以在主管海关场所以外的异地进行查验。

拥有证书的经认证的经营者有权享有本条第 1 至 8 段中规定的利益。

（二）申请 AEO 证书

以规定的纸质或电子表格形式提出申请 AEO 证书。

如海关认为该申请未能提供必要的信息，应当在收到申请之日起后 30 天内向经济经营者提出解释并要求其提供遗漏的信息。

本条例第 23 条第二款规定的日期自海关收到接受申请所需的全部资料之日起计算。海关应当告知接受申请起始和截止日期。

申请人将材料提交至保存与海关手续有关的主要会计记录的海关，以及应列入 AEO 证书的至少一部分业务（活动）的海关当局。海关当局可以通过应用信息技术和计算机网络，查阅申请人与海关手续有关的主要会计记录以及应列入申请人 AEO 证书的业务活动或至少部分业务（活动）。

本条第一款、第二款所述的主要会计记录应包括记录和文件，使海关能够检查和监测是否符合颁发 AEO 证书所需的条件和标准。

如果无法根据本条第一款确定海关的管辖权，申请人应向所在地海关提交其保存海关手续的主要会计记录，或依照本条第一款、第二款规定，海关可查阅申请人有关海关手续的主要会计记录，以及进入申请人经营活动的场所。如有可能，申请人应以电子形式向海关提交所需数据。

AEO 证书的申请将予以否决，如果有以下情况：①未按照本条例第 23 条和第 24 条提交申请；②申请人被认定犯有与其业务有关的罪行，或者如果在提出申请时，申请人已经商业破产；③负责海关事务的申请人代表因违反海关条例和与责任人的活动有关而被判有罪；④本条例第 38 条第五款规定的，在吊销 AEO 证书的三年期限届满前提出申请。

（三）颁发 AEO 证书的要求和标准

在下列情况下，申请人不必在海关辖区内设立营业部门：

（1）当塞尔维亚与其他国家签订国际协定，该协定规定其领土上相互承认 AEO 证书，或当国际协定规定以塞尔维亚共和国海关的名义实施适当监管时。

（2）本条例第 21 款第一点第二款规定的 AEO 认证申请是由在塞尔维亚共和国没有总部，但在塞尔维亚设有代表处或分支机构，并且已经使用本条例第 481 条规定的简化程序的航空经营者或水运公司提出的。

根据上述第一点第二款，应视为申请人符合本条例第 27 条、第 28 条、第 29 条规定，并要求其履行本条例第 30 条第 2 款的规定。

（四）申请人应被视为过去一段时间已经履行遵守海关规定的标准

申请人应被视为过去一段时间已经履行遵守海关规定的标准，前提是在提出申请前的近三年中，下列人员未被追究严重或屡次违反海关规定的法律责任：

（1）申请人。

（2）经济经营者/申请人的负责人或其管理人。

（3）海关事务申请人的代表（如果适用）。

（4）经济经营者/申请人内部负责海关事务的人员。

海关主管机关认为申请人的海关手续次数或范围违反海关规定的行为轻微（可以忽略不计），且不怀疑申请人的"诚意"，应视为申请人在过去一段时间内遵守了海关规定。

对经济经营者/申请人实行管制的人员已经确定或者是其他国家的居民的，海关应当根据现有记录和数据评估该标准的履行情况。

申请人成立后未满三年的，海关应当根据现有记录和数据评估该标准的履行情况。

（五）评估申请人的商业管理制度

海关应评估申请人是否有令人满意的商业管理制度，如果申请人满足以下条件，则可授予颁发 AEO 证书：

（1）按照普遍接受的会计准则保存会计记录，便于海关审计监管。

（2）海关能够实际或以电子方式查阅其运输记录。

（3）拥有独立的国内外货物物流系统。

（4）有一个与经营类型和数量相匹配的行政组织，适合货物流通管理并具有内部控制，能够发现非法或不当交易。

（5）有满意的程序管理与贸易政策相关的许可证或与农产品贸易有关的许可证。

（6）有适当的记录和数据存档，并防止数据丢失。

（7）员工要通知海关其面临困难的重要性，并向海关通知案件的类型。

（8）拥有适当的信息技术安全措施，以保护信息免受未经授权的使用和存档。

（9）可以证明申请人近三年具有财务偿付能力的，应当视为符合财务偿付能力标准。

（10）考虑到具体的商业活动，财务偿付能力意味着申请人的财务状况足以履行所有义务。

（11）申请人成立后未满三年的，根据现有记录和数据对申请人的财务偿付能力进行评估。

（六）评估申请人的安全标准

申请人应满足和符合《海关法》第 9 条第 1 款所称申请人的安全标准：

（1）AEO 证书项下活动有关的建筑物应受到保护，免受非法进入或入侵。

（2）采取适当措施管理通道，以防止未经授权的人员进入货物交付和装载区域以及货物储存区域。

（3）实施货物处理措施，包括防止丢失材料和未经授权的处理货物的措施。

（4）必要时采取措施管理与贸易管制货物有关的进出口许可证。

（5）申请人已采取措施，对其商业伙伴做出明确的定义，以保护国际贸易。

（6）申请人在条例允许的范围内，审查其在安全敏感领域工作的潜在员工，并定期进行检查。

（7）申请人的员工积极参与致力于发展安全意识的计划。

（七）简化程序的适用情况

未在塞尔维亚共和国设立的航空经营者或水运公司，由其在塞尔维亚的代表处或分支机构，使用本条例第 481 条所称的简化程序，申请本条例第 21 条第 1 款所称的 AEO 认证，且必须具有：

（1）由管理运输部门根据国际公约颁发的国际公认的安全证书。

（2）符合航空交通和航空安全条例批准的受监管代理人的地位。

（3）其他国家颁发的证书，如果塞尔维亚共和国与他国签订双边协议且根据协议条款承认该证书。

（八）颁发 AEO 证书的程序

（1）颁发 AEO 证书的主管海关审查本条例第 26~30 条所述的标准和条件是否符合颁发证书的要求。海关审查申请人与海关活动有关的所有业务范围是否遵守本条例第 30 条规定的标准并进行记录。

（2）如果业务单位数量庞大且因证书期限而无法检查所有单位，但毫无疑问，申请人的所有业务单位遵守适用的安全标准时，海关可检查其具有代表性的部分。

（3）颁发 AEO 证书的主管海关可以根据本条例第 28 条、第 29 条和第 30 条规定的标准和要求，接受专家证据。专家不应与申请人相关联。

（4）颁发 AEO 证书的主管海关应以规定的形式颁发证书。

（5）海关应当在收到申请后 120 日内出具 AEO 证书或者拒绝批准。如果有正当理由，海关可将期限延长 60 天。在这种情况下，在 120 天到期之前，海关应通知申请人延期的原因。

（6）在核实符合标准期间，如果申请人采取所有符合标准的措施，并将已采取的措施通知主管海关，则可延长本条规定的 120 天期限。

（7）如依照本条例第 31 条进行的核查结果驳回其申请，主管发证的海关应当在驳回其申请前，向申请人提供调查结果，并给予申请人在 30 日内答复调查结果的机会，并中断发证期限 120 天。

（8）拒绝授予 AEO 证书不会自动取消根据海关法规授予的已有的审批。

（9）海关应当将拒绝申请通知申请人，并说明其决定。拒绝申请的决定应当在本条第二款、第三款、第四款规定的期限内通知申请人。

五、AEO 证书的法律效力

（一）一般规定

AEO 证书自颁发之日起十日后生效。AEO 证书的有效性不受限制。

海关应当监督经认证的经营者遵守规定的标准和要求。

如果相关法规发生变化，有理由怀疑经认证的经营者不再符合相关的标准和条件，颁发证书的主管海关应重新评估其 AEO 身份。

如果获得 AEO 证书的经认证的经营者未满三年期限的，则按颁发证书后的第一年进行监管。

本条例第 31 条第三款的规定适用于办理本条例第三款、第四款规定的手续。

（二）暂停授权经营者的身份

颁发证书的主管海关应当暂停经认证的经营者的身份，如果其存在以下情况：

（1）发现其不符合颁发 AEO 证书的标准和 / 或条件。

（2）有理由怀疑，经认证的经营者从事的行为可能引起相关起诉并与违反海关条例。

根据本条第一款第二款，海关可以决定不暂停经认证的经营者的身份，如果海关认为其违反海关手续次数和总量可以忽略不计且对经认证的经营者的"诚信"不予怀疑。

（3）海关在决定暂停前，应当将停业通知送达经认证的经营者。经认证的经营者有权采取一切必要措施，自通知之日起 30 天内消除已查明的缺陷和 / 或表达其意见。

（4）对安全、公共安全、公共卫生和环境构成威胁的，不管其类型和程度，应立即实施暂停。

（5）经认证的经营者，自本条第三款规定之日起 30 日内未消除本条第一款规定的缺陷的，主管海关应当通知经营者其经认证的经营者身份暂停 30 天，并采取适当措施以消除缺陷。

（6）经认证的经营者涉及诉讼的，海关应当在诉讼期间暂停经认证的经营者的身份，并通知证书持有人。

（7）经认证的经营者不能在 30 日内消除缺陷，但可提供满足条件的证明时，如果需要延长暂停期，海关应当再暂停经认证的经营者的身份 30 天。

（8）暂停不得影响暂停之前已启动且尚未完成的海关程序。

（9）暂停不得影响已签发的其他任何批准，除非暂停的原因影响该批准。

（10）暂停不得影响根据符合条件授予 AEO 证书关于海关简化的审批。

如本条例第 21 条第 1 款第 3 点所述的经认证的经营者，未达到本条例第 30 条规定的要求的，应当部分中止经认证的经营者的身份，并可应其要求颁发本条例第 21 条第一款新的 AEO 证书。

（11） 如果经认证的经营者已采取必要措施符合获得经认证的经营者身份的要求和标准，负责发证的海关应该撤销暂停决定，并通知经营者。在本条例第 34 条第三款、第五款的截止期限前可以撤销暂停决定。

（12） 根据本条例第 35 条第 5 款规定，海关应负责更新已撤销暂停的 AEO 证书。

（13） 如果经认证的经营者在本条例第 34 条第 3 款、第 5 款所述的暂停期限内未采取必要措施，主管发证的海关应当撤销该证书。

暂时不能符合本条例第 21 条部分标准的经认证的经营者，可以请求海关暂停其经认证的经营者身份。在这种情况下，经认证的经营者应通知负责颁发证书的海关，说明其再次能够达到标准、计划采取的措施和计划时间。

（14） 如经认证的经营者未能在通知书规定期限内消除缺陷，主管发证的海关可以批准合理延长期限，但经认证的经营者必须"诚信行事"。在其他情况下，AEO 证书应撤销。

（15） 经认证的经营者在暂停期间内未采取规定措施，将适用本条例第 38 条规定。

（三）撤销 AEO 证书

主管颁发证书的海关应撤销 AEO 证书的具体情况如下：

（1）经认证的经营者未按照本条例第 36 条第 1 款采取措施。

（2）如果经认证的经营者严重违反海关规定且无权上诉。

（3）经认证的经营者在本条例第 37 条规定的暂停期内未采取必要措施。

（4）应经认证的经营者的要求。

根据本条第二款规定，海关可以决定不撤销该证书，如果考虑经认证的经营者的海关手续次数或数量，海关评估其罪行可以忽略不计，且不怀疑经认证的经营者的"诚意"。

撤销 AEO 证书应当自经营者收到其丧失经认证的经营者身份的通知之日起生效。

经认证的经营者自撤销 AEO 证书之日起三年内不得获得新的 AEO 证

书，但本条第一款、第三款和第四款规定的撤销情况除外。

（四）数据交换

经认证的经营者应当将发证后出现的可能影响证书有效性或者内容的情形通知颁发证书的海关。

如果海关撤销批准经认证的经营者使用第 215、218、223、226、230、231、237、238 条第 1 款和第 423 条所述的海关简化程序（AEO 证书享有的），应当通知颁发 AEO 证书的海关。

海关与其他主管海关之间和经营者之间的数据交换和通信，应由海关和其他主管海关通过相互协定界定的电子系统进行。

根据本条第一款规定的制度，主管海关和海关都保留并获取下列信息：

（1）以电子方式提交的申请数据。

（2）AEO 证书以及有关其修改、撤销或暂停经认证的经营者身份的数据。

（3）其他相关数据。

主管发证的海关应当将发证、修改、撤销或暂停经认证的经营者身份通知负责风险分析的海关。

海关可在网上公布定期更新的经认证的经济经营者名单。

第三节　哈萨克斯坦共和国的 AEO 制度

一、申请 AEO 状态的要求

1. 关税

一般确保支付关税，税收规定至少一年相当于 100 万欧元的货币市场税率。根据税收所提供的日期，除非在第二个子部分确定的情况下，由根据哈萨克斯坦共和国在规定提供关税之日期。根据哈萨克斯坦共和国的税收立法确定，从事货物生产和（或）出口货物活动的人，如果经委员会决定符合资格，可确保缴纳关税，按货币市场税率计算相当于 15 万欧元的税款。

主管海关机关确认其 AEO 身份的，颁发第一类型或第二类型证书：第一类型需要提供 100 万欧元；第二类型有对金融稳定性的要求：其财务稳定性、从事货物生产活动和（或）出口货物不符合规定的，海关在签发第二类证书时，将 AEO 纳入登记册的条件是缴纳相当于或不少于 15 万欧元的税款。

2. 对外经济活动的要求

从事对外经济活动在三年以上，每年向海关当局提交不少于 10 份货物申报表。企业从事对外经济活动，在海关事务范围内作为海关代表、临时仓库、海关仓库的所有者，拥有不少于三年的从事经济活动的海关承运人。在收到授权机构关于列入经认证的经营者声明的登记期间，从事对外经济活动的人员，除货物运输服务外，每年通过欧亚经济联盟海关边境运输货物的总成本至少为 10 万欧元，按货币市场汇率计算，其金额不低于 50 万欧元；根据哈萨克斯坦共和国的税法，在收到授权机构声明之日起，从事对外经济活动的人员每年至少有 250 份报关单；作为海关代表，每年至少有 200 份报关单，或总费用按货币市场汇率计算，相当于 50 万欧元；根据哈萨克斯坦共和国税法，在海关事务领域从事活动的人员作为临时仓储仓库的所有者，每年总成本不低于或相当于 50 万欧元；根据哈萨克斯坦共和国的税法规定，自收到授权机构声明之日起，在海关领域从事活动的人员作为海关承运人，每年至少收到 250 份报关单。

3. 纳税的要求

根据哈萨克斯坦共和国海关立法，在向海关当局提交之日应已缴纳关税或无税务债务。如在提交之日，海关发现滞纳关税或漏征短征关税，欧亚经济联盟所有成员国在收到授权机构声明之日均不予以纳入 AEO 登记。同时，未按规定时间缴纳关税（包括特别费、反倾销、补贴费）的，将按其未缴金额予以罚款。

4. 守法记录

在申请人、创始人、股东（拥有控制权）向海关当局提交之日，根据哈萨克斯坦共和国《刑法》，有关人员应无犯罪记录的事实。

如无法提供有关欧亚经济联盟实体人（该法人股东）未参与（犯罪）的事实，拥有实体人 10% 或更多股份的法定代表人、成员（参与者）、负责人、股东将 AEO 列入登记册，则该实体人的总会计师将承担刑事责任。根据哈萨克斯坦共和国自 1997 年 7 月 16 日起的《刑法》第 209、214 和 250 条，以及 2014 年 6 月 3 日《哈萨克斯坦共和国刑法》第 234、236 和 286 条，包括根据《哈萨克斯坦刑法》的相关条款可以进行定罪；如在欧亚经济联盟其他成员国的领土上犯罪，该国海关和其他欧亚经济联盟国家的成员，可以对其起诉，并根据欧亚经济联盟成员国的立法确定为不列入 AEO 的理由。

根据哈萨克斯坦共和国法律，法人在收到授权机构声明之日起一年内未向海关当局的行政责任事实提出申诉，根据哈萨克斯坦共和国第 527、534、548、549、550、551、552 和 558 号法关于行政犯罪的规定，自 2014 年 7 月 5 日起，将在欧亚经济联盟其他成员国领土上的行政犯罪确定为拒绝将 AEO 列入登记册的基本条件。

二、会计货物自动化系统的可操作性

允许将海关业务、有关经济运作的比较数据及信息提供给海关当局；如缺乏会计货物自动化系统，允许在海关当局进行海关业务时提供有关经济业务的比较数据及信息，且允评海关当局可对此类数据进行访问（包括远程）。委员会有权确定会计货物自动化系统的标准和要求。

三、审计报告

1. 提交日期

不迟于申请日期前 10 天提供审计报告和（或）审计报告的核查情况，包含有关法人权益的信息，按报告之日的货币市场汇率计算金额不少于 50 万欧元。同时，审计报告必须包括 36 个月，在报告日期之前经有关文件确认：进行生产经营的产权、经济维护租赁、经营管理权、租赁权（转租）。

2. 设施使用

明确财产、经济维护、业务管理或设施租赁、房地（部分房地）和（或）开放区域（开放区域的一部分）用于临时储存货物。在租赁其设施、房地（部分房地）和（或）开放区域（部分开放区域）时，自申请租赁合同之日起，应当签订设施、房地（部分房地）和（或）开放区域（部分开放区域）租赁合同，期限至少为一年。

3. 简化手续待遇

AEO 身份确定一年后，AEO 有权在符合下列条件的情况下，向海关授权机构提交申请，以便享受额外的特别简化待遇：

（1）从收到将 AEO 列入登记册的证明之日起从事对外经济活动，直至向海关授权机构提交申请之日，可享受海关向 AEO 提供的每年至少 20 份货物申报表额外特别简化待遇。

（2）根据《海关法》的规定，在一年内没有欠缴关税的 AEO 可以向海关授权机构提出申请，要求享受向 AEO 提供的额外特别简化待遇。

（3）根据哈萨克斯坦共和国的税务法，在向海关授权机构提出申请之日起一年内无滞纳关税或漏征短征关税，可享受向 AEO 提供的额外特别简化待遇。

（4）向海关授权机构提交申请前 12 个月的审计报告和（或）审计报告的核查情况，根据哈萨克斯坦共和国会计制度和财务报告要求及法律规定，根据货币市场汇率，金额达到至少 50 万欧元的法人权益的信息，符合规定的，可享受额外的特别简化待遇。

四、AEO 申请被中止

根据《海关法》第 4 条及第 63 条，AEO 申请将被中止。中止 AEO 的理由是在哈萨克斯坦共和国或欧亚经济联盟其他成员国提起的刑事案件，涉及欧亚经济联盟成员国的实物、股份持有人（登记中有 10% 或以上的 AEO 法人股份）、法人的创始人（参与者）、负责人、总会计师。证据是根据 1997 年 7 月 16 日《哈萨克斯坦共和国刑法》第 209、214 和 250 条，以及 2014 年 7 月 3 日《哈萨克斯坦共和国刑法》第 234、236 和 286 条。

五、关于确定 AEO 状态的期限

海关授权机构自收到 AEO 申请之日起不超过 90 个日历日做出认证结论。根据申请认证结论和相关文件，海关授权检验机构决定签发关于将 AEO 人员纳入登记册的证明或关于拒绝签发该证明的原因。

六、暂停 AEO 证书的措施

（1）填写暂停证书的申请。

（2）在本法第 227-2 条第 5 款和第 6 款规定的期限届满后，在偿还债务之前，存在缴纳海关关税和罚款费用方面的债务。

（3）根据哈萨克斯坦共和国法律，在撤销最终决定之前，拥有控股权的申请人、创始人、股东存在《哈萨克斯坦共和国刑法》关于刑事案件的启动事实。

（4）未遵守本法第 62 条第 1 款、第 7 款和第 9 款以及本法第 63-1 条第一部分第 2 款、第 3 款和第 4 款的规定与要求。

（5）海关授权机构自本证书暂停之日起 5 个工作日内以书面形式通知申请人将暂停 AEO 证书列入登记册。

七、暂停执行证书的依据

（1）关于暂停 AEO 证书的声明。

（2）关于 AEO 破产程序的启动。

（3）不执行 AEO 义务。

（4）如果将暂停的 AEO 证书列入登记册，则无法确保履行本法第 436 段规定的 AEO 义务。

（5）不执行或者不履行缴纳海关关税、特别税、反倾销、补贴性关税义务的，在不迟于规定期限的最后一天，根据本法第 55 条第 3 款、第 73 条第三款的规定，按期缴纳罚款。

（6）在欧亚经济联盟其他国家成员中，没有在规定时间内缴纳海关关税、特别税、反倾销、补贴性关税及罚款等方面的可信信息。

（7）本法第 433 条第 1 款和第 7 款规定的会计货物制度或者要求分项规定的会计货物制度存在差异。

（8）根据本法第 7 条及第 433 条确定的法人财务稳定性与价值的差异不符合 AEO 其中的一个条件。

（9）如果符合这些要求中的一个条件，将 AEO 纳入登记册：未在运营管理设施、房地（部分房地）和（或）开放区域（开放区域的一部分）中储存（含临时）AEO 货物；违反本法第 433 条第 3 款关于设施、房地（部分房地）和（或）开放区域（部分开放区域）、车辆、AEO 雇员的要求。

（10）在哈萨克斯坦共和国或欧亚经济联盟其他成员国提起欧亚经济联盟有关自然人的刑事案件，该刑事案件涉及持有 10% 及以上法人股份的股东，根据 1997 年 7 月 16 日《哈萨克斯坦共和国刑法》第 209、214 和 250 条，将法人的创始人、总会计师列入经认证的经营者登记册。同时，根据 2014 年 7 月 3 日《哈萨克斯坦共和国刑法》第 234、236 和 286 条，也应将这些列入登记册。

八、将经认证的经营者纳入登记册的证明

（1）由经认证的经营者填写申请，但 AEO 登记册除外。

（2）根据哈萨克斯坦共和国立法的清算法人。

（3）根据哈萨克斯坦共和国立法的重组法人。

（4）申请人、创始人、股东（拥有控股权）承担刑事责任。

（5）申请人（两次以上）因海关事务领域违法行为而承担行政责任。

（6）未以列入经认证的经营者登记的证书暂停为由，自证书被暂停之日起 30 日内予以撤销。

（7）经认证的经营者 AEO 注册的例外情况：

①经认证的经营者在 AEO 登记簿上的例外申请。

②对 AEO 登记册中法人的清算。

③除以改制形式重组法人外，AEO 登记册中法人的重组。

④经认证的经营者自收到暂停证书通知之日起 120 日内未确认撤销该证书的原因。

⑤法院或其他授权机构的决定生效，根据 2014 年 7 月 5 日《哈萨克斯坦共和国行政犯罪法》第 527、534、543、548、549、550、551、552 和 558 条，确认法人存在两次以上的违法行为。

⑥根据 1997 年 7 月 16 日《哈萨克斯坦共和国刑法》第 209、214 和 250 条，拥有该实体 10% 或以上股份的股东、其创始人（参与者）、负责人申请列入 AEO 登记册；根据 2014 年 7 月 3 日《哈萨克斯坦共和国刑法》第 234、236 和 286 条，总会计师的刑事责任也应列入 AEO 登记册。

九、AEO 享受的特别简化

（1）第一种和第二种类型的证书：规定确保履行缴纳关税税款、特殊费、反倾销、反补贴税及货物放行时的补纳税款；申报人为授权经济经营者，遵守第 121 号和第 122 号的相关规定。

（2）第一种和第二种类型的证书：在海关审核表或第一优先顺序中指定其海关监管的情况下退出海关监管。

（3）第一种类型的证书：授权经济经营者按规定运输货物失败。

（4）第一种类型的证书：海关当局承认经授权的经济经营者对车辆或其零件的货物场所（车厢）实施的密封识别手段。由委员会确定对盖章的要求。

（5）在经认证的经营者的房地、开放地区或其他领土临时储存货物：

①第二种类型的证书：货物在经认证的经营者的开放区域（开放区域的一部分）可临时存放在货物的场所（部分房地）中。

②第一种类型的证书：货物在卸货、转运和其他货物的运输业务，除

按照海关过境手续运输的货物外，都属于海关监管的货物；从欧亚经济联盟海关关境运出货物，包括更换其他车辆运输此类货物的国际运输车辆，应通知海关；未经海关许可，在区域内活动不能进行相关交易。

第二种类型的证书：临时存放在建筑、房地（部分房地）和（或）开放区域（部分开放区域）的货物，不属于经认证的经营者的货物。

第二种类型的证书：根据本法第 7 条规定，海关当局对经认证的经营者的申请确定使用身份查验手段。

第一种类型的证书：海关当局优先参与正在进行的试点项目和实验，旨在减少和优化海关业务的犯罪程序。

第二种类型的证书：经认证的经营者在该海关监管区所在地的建筑、场所（部分场所）和（或）开放区域（开放区域的一部分）中开展海关管制和与海关手续活动有关的海关业务。

（6）第一种类型的证书：在办理过境海关手续时，不要求缴纳关税，包括特殊费、反倾销、反补贴税。

（7）报关前按优先顺序办理海关业务与海关手续。

①第一种类型的证书：货物进入或离开欧亚经济联盟海关关境时，海关业务委员会优先处理海关申报、优先放行货物。

②第二种类型的证书：在经认证的经营者的建筑、房地（部分房地）和（或）开放区域（开放区域的一部分）实施海关监管；与海关申报和货物出境有关的海关业务，除海关当局外，由权威机构批准在货物所在活动区域的简化交易顺序。

（8）在实施定期报关时，不要求保证缴纳关税和税款。

①第一种类型的证书：实施定期报关时，不要求保证缴纳关税和税款。

②第二种类型的证书：如果经认证的经营者作为货物申报人，则按照本法第 56 条第一款规定不承担缴纳进口关税的强制责任。

③自经认证的经营者登记证生效之日起，经认证的经营者适用于低风险等级类别。

（9）第一种类型的证书和第二种类型的证书。

①根据本法第 298 条规定，货物在提交海关申报前放行。

②依照本法第 319 条第三款的规定，对经认证的经营者适用海关过境手续。

③对从事货物生产和（或）出口货物活动的法人，不征收出口关税的，且符合本法第 62 条第一款规定的经认证的经营者身份转让条件的，根据本法第一款和第二款规定享受特别简化待遇。

（10）上述规定的特殊简化手续仅适用于经认证的经营者所申报的货物；同时，由海关业务委员会决定确定不能适用特别简化手续的货物清单。

第四节　白俄罗斯的 AEO 制度

一、对经认证的经营者的业务场所的要求

（一）用于临时保管货物和用于办理海关过境监管手续的建筑物、场所（部分场所）和（或）露天场地（部分露天场地）的要求

1. 申请列入发放 2 型或 3 型经认证的经营者名录证明书的要求

列入经认证的经营者名录的法人企业（以下简称法人），应当使用用于临时保管货物和用于办理海关过境监管手续的建筑物、场地（部分场地）、露天场所（部分露天场所）（以下简称经认证的经营者作业区）。在具备此条件的情况下，这些作业场所应当保证：

（1）处于海关监管之下的货物和交通工具的保全。

（2）未经海关许可，禁止对处于海关监管下的货物和运输工具进行卸货、换装（转运）和其他涉及货运的业务。

（3）可以实施对货物和运输工具的海关监管。

2. 法人企业应当保证经认证的经营者作业区具备的条件

（1）硬化路面（水泥地面、柏油路面及其他路面），包括作业区附属货物装卸场地。

（2）运输工具停车场。

（3）露天场地（部分露天场地）要设置全封闭的防护栏。

（4）根据《欧亚经济联盟海关法典》第 319 条第 4 款，按照欧亚经济联盟成员国海关法规范设立的海关监管区标识。

（5）为实施海关对货物和运输工具的外形查验和掏箱查验而划出的区域。

（6）完好的通往作业区的通道。

3. 进出和安保制度

有组织的进出和安保制度，无可通往包括区内的装卸场地和货物存放地点在内的设施的未经批准的入口，无通往交通工具的非法入口，并有下列保障：

（1）法人企业工作人员能够前往上述的区内设施进行施封。

（2）能够允许法人企业工作人员以外的人员对区内设施进行施封和登记。

（3）能够注销法人企业离职人员进入相关设施和登录信息系统的权限。

（4）进出视频监管系统，24 小时对车辆和人员进行视频监控，可回放查阅、可记录，视频图像保存期 30 天。

（5）具有安保和火灾报警装置，除露天场地（部分露天场地）外。

（6）保障视频监控系统工作的照明设备。

（7）具有准确的地磅等（称量设备），符合欧亚经济联盟成员国法定标准，能够保证对存放于区内货物进行称重，包括货架、托盘和其他用于货物运输的多次使用的包装物。

（8）具有进行海关货物监管必需的装卸设备和机械。

（9）配备相应设备和通信设施的海关监管用房，用于海关人员履行业务职权、进行监管查验、办理通关单证（如有必要，上述用房或场地应当位于作业区附近）。

（二）对法人交通工具的要求

对法人（属于承运人企业）用于运输的交通工具的要求，应当符合《欧亚经济联盟海关法典》第 364 条的要求。

二、对经认证的经营者的制度规定

（一）经认证的经营者

（1）经认证的经营者是指根据成员国法律设立，并根据相关规定确定的程序和条件列入经认证的经营者名录的法人（企业）。

（2）在将法人（企业）列入经认证的经营者名录时发放相应的证明书。

（3）自证明书生效之日起，该经认证的经营者属于低风险类别企业。

（4）将法人（企业）列入经认证的经营者名录以及从该目录取消的办法、发放证明书的办法、证明书中止和恢复效力的办法由本法典确定，其中本法典无法调节的，由成员国海关法确定。

（5）将法人列入经认证的经营者名录、从名录中取消，以及中止和恢复证明书的效力，均由根据成员国法律设立的成员国海关实施。

（6）对要求列入名录的法人（企业）是否符合条件进行检查时，以及对经认证的经营者遵守列入条件的情况进行监管时，可以运用本法规定的监管形式和保障海关监管实施的措施。

（7）参照本法典条款，经认证的经营者有权在欧亚经济联盟海关关境上运用本法典第 437 条第二、三和四款规定的专门便利。

（8）根据欧亚经济联盟与第三方签订的国际条约，本法典第 437 条规定的单独专门便利，可以在对等基础上向非联盟成员国的经认证的经营者提供。

（9）根据成员国与第三方签订的国际条约，本法典第 437 条规定的单独专门便利，可以在对等基础上向非联盟成员国的经认证的经营者提供。在这种情况下，所指单独专门便利只能在该国际条约第三方缔约国境内使用。

（二）经认证的经营者名录

（1）海关按照欧亚经济委员会确定的形式负责管理经认证的经营者目录，在官网发布名录并保证每月至少更新一次。

（2）欧亚经济联盟委员会根据成员国海关形成的经认证的经营者名录，编写经认证的经营者总目录，并在官网发布，且保证每月至少更新 1 次。

经认证的经营者总目录的格式、它的组织和形成办法，以及由成员国海关形成的经认证的经营者目录中所含信息的技术条件，均由欧亚经济委员会确定。

（三）经认证的经营者证明书及其类型

（1）列入经认证的经营者名录的证明书（在本章中以下简称证明书）可以有以下三种类型：

第1种类型的证明书赋予经认证的经营者享有本法典第437条第2款规定的专门便利。

第2种类型的证明书赋予经认证的经营者享有本法典第437条第3款规定的专门便利。

第3种类型的证明书赋予经认证的经营者享有本法典第437条第4款规定的专门便利。

（2）证明书格式及其填制规范由欧亚经济委员会确定。

（3）证明书自法人（企业）列入经认证的经营者目录之日起10个自然日之后生效，有效期无限制。

（4）自证明书生效之日起，经认证的经营者有权享受本法典第437条规定的专门便利。

（5）发放证明书的成员国海关，自法人（企业）列入经认证的经营者目录之日起不迟于5个自然日内，负责通知该法人（企业）及该成员国各海关机构。同时根据本法典第368条规定，将该企业列入名录的日期和证明书生效日期通知其他成员国海关。

（四）列入经认证的经营者目录的条件

1. 发放1型证明书的列入经认证的经营者目录的条件

（1）在被海关登记列入经认证的经营者目录申请日（以下在本章简称申请）之前，该法人（企业）从事外贸活动，作为报关人、临时保管仓库和海关仓库持有者从事海关领域活动不低于3年，或作为海关承运人从事该领域活动不低于2年。在此期间：

①从事外贸活动的法人企业（除从事货物运输方面的服务活动外）每年提交货物报关单达到成员国海关法规定的数量，但不少于10份，或经联

盟关境进出口货物的总值每年达到成员国海关法规定的金额，但不低于 50 万欧元，汇率按海关登记申请日计算。

②从事货运服务方面的外贸活动的法人企业，每年提交的转关（过境）报关单不低于 250 份。

③作为报关人从事海关领域活动的法人企业，每年提交的报关单要达到成员国海关法规定的数量，但不低于 200 份，或所提交报关单的货物申报总价值每年达到成员国海关法规定的金额，但不少于 50 万欧元，汇率按照海关登记申请日计算。

④作为临时保管仓库、海关仓库持有人从事外贸的法人企业，实际进行过货物保管，且每年保管货物的总价值达到成员国海关法规定的金额，但不低于 50 万欧元，汇率按照海关登记申请日计算。

⑤作为海关承运人从事海关领域活动的法人企业，每年提交的转关（过境）申报单不低于 250 份。

（2）根据本法典第 436 条提供履行经认证的经营者义务的担保。

（3）至海关登记申请日，在所有成员国中都没有在规定期限内未履行的缴纳关税、专门税、反倾销税、补偿税、滞纳金、利息的义务。

（4）至海关登记申请日，根据成员国税法规定，法人企业在其注册登记的成员国没有欠款。

（5）在海关登记申请日之前 1 年内，该法人企业在所有成员国均无按成员国法律规定不得列入经认证的经营者名单的行政违法行为。

（6）申请企业中持股 10% 及以上的股东、董事长（合伙人）、经营负责人、主要会计人员在所有成员国均无按成员国法律规定不得列入名录的由海关或其他机关负责处理的犯罪及刑事违法行为。

（7）具备符合成员国海关法律要求的货物清点登记系统，能够将在办理海关业务过程中形成的向海关提交的信息与企业开展经营业务的信息进行比对，并保证海关能够登录查看（包括远程）这些信息。欧亚经济委员会有权对清点登记系统制定不同类型的标准和要求。

各成员国行政法和刑法中均有对实施第 1 款第 5 ~ 6 项所指的行政违法、犯罪和刑事违法行为后应承担的行政、刑事违法责任进行规定的条款，并指明了这些行政违法、犯罪和刑事违法的构成和罚则。要形成这些条款的总清单并将其公布在欧亚经济联盟官网上，各成员国海关应向欧亚经济委员会提交关于这些条款的信息。

上述条款总清单的格式和它的形成程序，其中所含信息的管理和应用，以及包括条款信息的项目、格式在内的规则和技术条件，由欧亚经济委员会确定。

2. 发放 2 型证明书的列入经认证的经营者名单的条件

（1）第 1 款第 1.3-7 项所指出的条件。

（2）该法人企业的财务稳定性符合根据本条第 7 款确定的数值。

（3）为临时保管货物，具有拥有产权、负责经营、负责业务管理等所有制形式或租赁的建筑物、场所（或部分场所）和（或）露天场地（部分露天场地）。如果建筑物、场所（或部分场所）和（或）露天场地（部分露天场地）属于租赁使用的，在提交申请日，应当已经签订至少 1 年租期的租赁合同。

（4）遵守欧亚经济委员会确定的对于建筑物、场所（或部分场所）和（或）露天场地（部分露天场地）的要求，利用这些场地实施商品的临时保管，完成海关过境监管的通关手续和（或）对要求列入经认证的经营者的法人企业的交通工具和工作人员进行海关监管。

3. 列入发放 2 型证明书的经认证的经营者目录的担保

如果生产商品或出口商品的成员国法人企业的财务稳定性不符合根据本条第 7 款确定的数值，在此种情况下，成员国海关法可以设定：提交履行经认证的经营者义务的担保是列入发放 2 型证明书的经认证的经营者目录的条件，担保金额度不少于等值 15 万欧元，汇率按海关登记申请日计算。

4. 列入发放 3 型证明书的经认证的经营者目录的条件

（1）在海关登记申请之前，法人企业被列入发放 1 型或 2 型证明书经认证的经营者名录不少于 2 年。此期间不含根据本法典第 435 条第 1 款中止证明书效力的时间，但证明书效力根据本法典第 435 条第 1 款第 11-12 项规定被中止的情况除外。

（2）本条第 3 款规定的条件：

成员国海关法可以设定将法人企业列入经认证的经营者名录的附加条件。

确定要求列入经认证的经营者名录的法人企业的财产稳定性的办法，确定财产稳定性以及列入名录必需的数值的办法，在欧亚经济委员会规定的特定情况下，由欧亚经济委员会和成员国法律确定。

（五）列入经认证的经营者名录的程序

（1）为列入经认证的经营者名录，法人（以下简称申请企业）需向根据成员国法律设立的经授权的成员国海关提交申请书。

申请书的格式、填制规范和证明申报信息真实性的文件清单，由欧亚经济委员会确定。

（2）证明申报信息真实性的文件应附在申请书后面。如果随附文件和（或）其中所含信息能够被海关从海关使用的信息系统获得，或者在信息合作框架下从成员国其他国家机关（组织）信息系统获得，申请书亦可不随附文件提交。

（3）为列入发放 1 型和 2 型两种证明书的经认证的经营者目录，申请企业有权只提交 1 份申请书。

（4）海关在自登记申请之日起 5 个工作日内做出评审申请或不予受理的决定。

在存在不予受理申请的依据的情况下，海关应告知申请企业相关依据。

（5）海关在下列情况下不予受理申请：

①申请书未按规定格式填写，或者电子版申请书的结构和格式不符合规定。

②申请书中未指明应指明的信息。

③根据本法典第 435 条第 8 款第 4-7 项的规定，申请书在法人企业自被吊销经认证的经营者资格之日起不满 1 年内提交。

（6）申请书评审期限由成员国海关法确定，自申请被登记之日起计算，不得超过 120 日。

（7）如果在提交申请时没有不予受理申请的依据，同时申请书信息又未被申请企业以相关单证证实，除本条第 2 款第二自然段规定的情形外，海关自登记申请书之日起 5 个工作日内通知申请企业必须在 1 个月内提交证明材料。

（8）在根据本条第 7 款要求的证明材料提交之日之前，或者提交证明材料的日期到期之前，申请评审期限中止。

（9）如果申请企业在本条第 7 款指定的期限内未提交证明材料，海关做出不予受理申请的决定。

（10）关于提交证明材料复印件的询问函和（或）海关根据本法典第 371 条为检查要求列入经认证的经营者目录法人企业遵守本法典第 433 条第 1 款第 3.5-6 项规定的条件而制发的询问函，应于自海关登记申请书之日起 5 个工作日内发出。

（11）根据评审发放 1 型或 2 型证明书的列入名录的申请的结果，如果列入申请的条件是提交履行经认证的经营者义务的担保，则海关应当通知法人企业遵守本法典第 433 条第 1 款第 1.3-7 项或者第 3 款第 1.3.4 项规定的条件，或者做出不予列入名录的决定。

（12）证明提交履行经认证的经营者义务担保的相关文件，应于不晚于自海关发出所指的通知书之日起两个月内提交。

自上述情况下，自海关发出通知之日起至证明提交担保的文件被出示之日止，申请的评审期被中止。

（13）自证明提交担保的文件被出示之日起，海关在不迟于 10 个自然日之内做出将申请企业列入经认证的经营者名单的决定。

（14）如果本条第 12 款第 1 自然段指定的期限到期，证明已经提交了担保的文件没有被出示或者出示的文件不足以证明担保已经被提交，则海关在自上述期限到期之日起不晚于 10 个自然日内做出不予受理的决定。

（15）根据评审发放 2 型证明书或者 3 型证明书的列入经认证的经营者名录申请的结果，如果经认证的经营者履行义务的担保不是列入名录的条件，海关应于不迟于本条第 6 款指定的期限内，做出是否同意申请企业列入经认证的经营者名录的决定。

不予列入经认证的经营者名录的依据是未遵守本法典第 433 条规定的条件。

（六）证明书效力的中止、恢复和吊销经认证的经营者资格的依据

（1）证明书效力中止的依据如下：

①经认证的经营者主动申请证明书效力中止。

②针对经认证的经营者启动破产程序。

③经认证的经营者未履行本法典第 442 条规定的义务。

④在提交履行义务担保是列入名录的条件的情况下，未提交本法典第 436 条规定额度的经认证的经营者履行义务的担保。

⑤未按照海关根据本法典第 55 条第 3 款和第 73 条第 3 款发出的通知书上指定的期限履行缴纳关税、专门税、反倾销税、补偿税的义务或未充分履行缴税义务。

⑥有信息证明，经认证的经营者在本企业列入名录国以外的成员国存在未在规定期限内履行缴纳关税、专门税、反倾销税、补偿税、滞纳金和利息义务的行为。

⑦不具备本法典第 433 条第 1 款第 7 项规定的商品清点登记系统，或者这一系统不符合成员国海关法规定的要求。

⑧法人企业的财务稳定性不符合本法典第 433 条第 7 款规定的数值，如果符合这一数值是列入名录的条件。

⑨不具备自由产权、经营使用、业务管理等所有制形式下和租赁使用的建筑物、场所（部分场所）和（或）露天场地（部分露天场地），用于临时保管经认证的经营者的货物，如果这种要求是列入经认证的经营者名录的条件。

⑩未遵守欧亚经济委员会根据本法典第 433 条第 3 款第 4 分款确定的对于经认证的经营者的建筑物、场所（部分场所）和（或）露天场地（部分露天场地）、交通工具、工作人员的要求，如果这些要求是列入经认证的经营者名录的条件。

⑪经认证的经营者在任一成员国具有行政违法行为，且针对该经营者提起行政诉讼（行政诉讼的起点）。如果因造成行政违法行为承担责任被成员国法律规定为中止证明书效力的依据。

⑫在任一成员国针对申请企业中持股 10% 及以上的股东、董事长（合伙人）、经营负责人、主要会计人员根据其完成的由海关或其他机关负责处理的犯罪及刑事违法行为提起刑事诉讼，如果因造成刑事违法需承担责任被成员国法律规定作为中止证明书效力的依据。

（2）成员国海关法可以规定证明书效力中止的附加依据。

（3）海关在自收到存在本条第 1 款规定的依据信息之日起不迟于 10 个工作日内，做出中止证明书效力的决定。

（4）做出中止证明书效力决定的海关，在自决定做出 5 个工作日内通知经认证的经营者，并告知理由和依据，同时将该信息通报该成员国各海关机构。根据本法典第 368 条，通知其他成员国海关。

（5）在根据本条第 1 款第 3-10 项规定的依据中止证明书效力情况下，经认证的经营者有义务在自收到证明书效力中止通知书之日起 120 个自然日内向海关证实据以中止证明书效力的原因消除。

（6）如果在自得到中止证明书效力通知书之日起 120 天内，经认证的经营者证实了据以中止证明书效力的原因消除，海关在自得到这一证实信息后 5 个工作日内恢复证明书效力，并通知本成员国各海关机构，同时根据本法典第 368 条通知其他成员国海关。

（7）根据本条第 1 款第 11 和 12 项规定的依据中止证明书效力的，在自以下决定生效之日起 5 个工作日内恢复。

①法院或其他经授权机关（公职人员）关于解除刑事或行政责任的决定。

②法院或其他经授权机关（公职人员）关于停止刑事或行政案件的决定。

（8）下列为取消经认证的经营者名录（吊销经认证的经营者资格）的依据：

①经认证的经营者主动申请退出名录。

②列入经认证的经营者名录的法人注销。

③列入经认证的经营者名录的法人重组，但成员国法律规定的情况除外。

④在自收到证明书效力中止通知书之日起 120 个日历日内，经认证的经营者未能证实据以中止证明书效力的原因已消除。

⑤法院或其他国家机关(公职人员)要求承担行政违法责任的决定生效。如果要求承担行政违法责任被成员国法律确定作为吊销经认证的经营者资格的依据。

⑥法院对刑事犯罪（刑事违法）的判决生效，如果要求为刑事违法承担责任被成员国法律确定作为吊销经认证的经营者资格的依据。

⑦经认证的经营者在一个日历年内 2 次及以上未履行本法典第 442 条规定的义务。

（9）成员国海关法可以设立吊销经认证的经营者资格的附加依据。

（10）可以通过成员国法律设立条件，在这些条件下，证明书效力根据本条第 1 款第 11 项规定的依据不被海关中止，或者根据本条第 8 款第 5 项规定的依据法人不被吊销经认证的经营者资格。

（11）海关自出现本条第 8 款规定的依据之日起或者自得到这方面信息起，在不晚于 10 个工作日内做出吊销经认证的经营者资格的决定。

（12）在经认证的经营者资格根据本条第 8 款第 4–7 项被吊销情况下，该法人企业可于资格吊销之日起 1 年后再次提交列入经认证的经营者名录的申请。

（13）海关自做出吊销经认证的经营者资格决定后 5 个工作日内将此决定通知经认证的经营者，并指明依据，同时通报本成员国各海关机构，并根据本法典第 368 条规定通报其他成员国海关。

（七）经认证的经营者履行义务的担保

（1）经认证的经营者履行义务的担保在该担保是列入经认证的经营者名录的条件的情况下被要求提供。

（2）经认证的经营者履行义务的担保，在法人企业根据本法典具有缴纳关税、普通税、专门税、反倾销税、补偿税的义务或者具有与关税、普通税、专门税、反倾销税、补偿税的纳税人的连带责任情况下，保证经认证的经营者履行缴纳关税、普通税、专门税、反倾销税、补偿税、滞纳金、利息的义务。

（3）经认证的经营者履行义务的担保由要求列入经认证的经营者名录的法人企业提供，或者由已经列入该名录的法人企业提供。可向其提交了要求列入经认证的经营者名录申请的海关提交关于降低担保额度或者更换担保方式的申请，也可以向根据成员国海关法确定的其他海关提交上述申请。

（4）经认证的经营者履行义务由本法典第63条第1款指定的方式保障，或者根据本法典第63条第2款，为保障履行缴纳关税和其他税费的义务，由成员国法律指定的方式保障。

（5）为保障经认证的经营者履行义务，本条第3款指定的法人有权选择本法典第63条第1款指定的任一方式，或者选择根据本法典第63条第2款规定为保障海关税费缴纳由成员国法律确定的方式。

（6）可以以成员国海关法的形式规定，通过确定的方式（多种方式）保障经认证的经营者履行义务。

（7）经认证的经营者履行义务可以由本条第3款指定的法人参照本条第6款规定，根据自己选择的几种方式来保障。

（8）提供经认证的经营者履行义务担保的法人，有权参照本条第6款更换担保方式，如果不会根据本法典第11章第70条规定把罚金转换为可替换的担保方式。

（9）履行经认证的经营者的义务应当在法人列入经认证的经营者名录期间得到不中断的保障，而在本法典规定情况下履行缴纳关税、普通税、专门税、反倾销税、补偿税的义务，应当直至履行缴纳关税、普通税、专门税、反倾销税、补偿税的义务停止。

（10）履行经认证的经营者义务的担保方式的应用办法、担保方式的更换办法，根据本条第13–16款降低担保额度的办法，以及提交担保使用的货币，由向其提交履行经认证的经营者义务担保的海关所在成员国的法律规定。

（11）如果在提交履行经认证的经营者义务的担保时，要求在确定担保额度的货币和根据本条第10款由成员国法律确定的货币之间进行外汇换算，则汇率使用签订担保合同或者财产抵押合同当日的汇率（在对此类合同进行修改情况下，使用签订对担保合同和财产抵押合同进行修改的合同当日的汇率），而在提交经认证的经营者履行义务担保情况下使用其他方式：

①在以将法人列入经认证的经营者名单为目的提交经认证的经营者履

行义务担保的情况下，使用海关登记关于遵守列入经认证的经营者名录条件告知书当日的汇率。

②使用海关登记经认证的经营者关于降低履行义务担保金额申请当日的汇率。

③使用海关登记经认证的经营者关于更换担保方式申请或为遵守履行列入名录条件提交其他形式的担保申请当日的汇率。

（12）当法人实体注册登记 1 型认证 AEO 名录时，AEO 企业需缴纳金额相当于 100 万欧元的保证金。

（13）如果在法人实体注册登记 1 型认证之日起 2 年内未被暂停，则从第 3 年开始，AEO 企业缴纳相当于 70 万欧元的保证金。

（14）如果在法人实体注册登记 1 型认证之日起 4 年内未被暂停，则从第 5 年开始，AEO 企业缴纳相当于 50 万欧元的保证金。

（15）如果在法人实体注册登记 1 型认证之日起 5 年内未被暂停，则从第 6 年开始，AEO 企业缴纳相当于 30 万欧元的保证金。

（16）如果在法人实体注册等级 1 型认证之日起 6 年内未被暂停，则从第 7 年开始，AEO 企业缴纳相当于 15 万欧元的保证金。

（17）当已经具有 2 型、3 型认证的 AEO 企业申请加入 1 型认证名录时，应按照本条第 12 款缴纳保证金或按照本条第 18 至 21 款缴纳保证金。

（18）如果在法人实体注册等级 2 型或 3 型认证之日起 2 年内未被暂停，则从第 3 年开始，AEO 企业缴纳相当于 70 万欧元的保证金。

（19）如果在法人实体注册等级 2 型或 3 型认证之日起 4 年内未被暂停，则从第 5 年开始，AEO 企业缴纳相当于 50 万欧元的保证金。

（20）如果在法人实体注册等级 2 型或 3 型认证之日起 5 年内未被暂停，则从第 6 年开始，AEO 企业缴纳相当于 30 万欧元的保证金。

（21）如果在法人实体注册等级 2 型或 3 型认证之日起 6 年内未被暂停，则从第 7 年开始，AEO 企业缴纳相当于 15 万欧元的保证金。

（22）当一个法人实体被列入 AEO 名录、报关代理人名录和（或）海关承运人名录时，需按照本法典第 399 条 16 款缴纳 AEO、报关代理人或承运人保证金。

（23）以下情况下，如果该法人实体没有存在未缴纳关税、代征税、反倾销和反补贴税、滞纳金、利息的情况，则退还经认证的经营者缴纳的担保金：

①法人实体声明拒绝加入 AEO 名录。

②根据本条第 8 款，更换一种 AEO 保证金模式。

③在本条规定的情况下，减少 AEO 担保金额。

④如果无法满足 AEO 义务所需缴纳的保证金条件，将经认证的经营者从 AEO 名录中删除。

⑤法人实体申请并签发 3 型认证。

（24）未履行经认证的经营者义务而返还担保金的，应由提供担保的成员国的海关根据该本国法律办理。

（25）如果经认证的经营者以海关查验的方式接受海关监管，则在完成查验后，退还保证金。成员国可以通过立法规定其他条件，以确保 AEO 企业履行义务。

（26）成员国可以按照本法典第 63 条第 1 款第 2 至 4 分款的规定或者按照本法典第 63 条第 2 款的规定确定确保 AEO 企业履行缴纳关税和税款的义务。

（27）根据本法典第 399 条第 16 款的规定，AEO 企业应确保按照本法典第 399 条第 2 款和本条第 2 款缴纳关税、代征税、反倾销和反补贴税、滞纳金和利息。

（八）为 AEO 企业提供的特殊简化手续

（1）特殊简化手续可理解为根据 AEO 的认证类型将部分海关业务和海关监管进行简化以及其他本法典规定的特殊待遇。

（2）1 型认证 AEO 企业可以享受以下特殊简化手续的待遇：

①优先办理货物运入或运出欧亚经济联盟关境的通关报关手续。

②申报人是 AEO 企业的，可根据本规则第 143 条规定无须为过境货物缴纳关税、反倾销和反补贴税保证金。

③根据本法典第 121、122 条，AEO 企业的代理人无须缴纳关税、反倾销和反补贴税保证金。

④根据本法典第 120 条和第 441 条在提交货物申报之前放行货物。

⑤在收到海关查验布控指令时优先接受海关监管。

⑥海关承认 AEO 企业对装载货物的运输工具或其零件上的施封锁，施封锁的形式由委员会决定。

⑦ AEO 企业承运的货物可以不按照指定路线运输。

⑧优先参加海关机构为缩短通关时间和优化海关业务流程而进行的试点项目和试验。

⑨由 AEO 企业作为承运人时，在货物已运入欧亚经济联盟关境并位于海关监管下实施卸载、重装（中转）等货运业务，可在海关人员缺席的情况下接触施封锁、拆除封条等其他海关授权的工作。

（3）2 型 AEO 企业享受以下特殊简化手续的待遇：

① AEO 企业的货物可以临时存放在 AEO 企业的设施、房屋（房屋的部分）和（或）露天场地（露天场地的一部分）里。

②如果成员国的法律允许，未经认证的经营者的货物可以临时存放在 AEO 企业的设施、房屋（房屋的部分）和（或）露天场地（露天场地的一部分）里。

③货物运送到 AEO 企业的设施、房屋（房屋的部分）和（或）露天场地（露天场地的一部分），可以在这里接受海关对转运货物的监管，实施海关监管和完成海关流程。

④对 AEO 企业的设施、房屋（房屋的部分）和（或）露天场地（露天场地的一部分）实施海关监管。

⑤如果货物的存放地所辖海关与实施海关报关和货物放行的海关位于一个成员国领土内，上述海关可以不是同一个海关。

⑥如果收到海关查验布控指令时可以优先实施海关监管。

⑦ AEO 企业使用海关机构按照本条第 7 款确定的设施封锁。

⑧ AEO 企业作为申报人，可根据本法典第 121 条、122 条规定，不缴纳关税、反倾销和反补贴税担保金。

⑨根据本法典第 120 和 441 条在货物申报前放行货物。

⑩如果 AEO 企业作为货物申报人，则可以按照本法典第 59 条第 1 款

在延缓支付进口关税时，无须缴纳担保金。

（4）AEO 3 型认证企业适用于本条第 2 和第 3 款规定的特殊简化手续。

（5）委员会有权确定提供给 AEO 企业的本条未规定的其他特殊简化手续。

（6）委员会有权确定不适用本条规定的某些特殊简化的和／或某些特殊简化的货物的案件或货物范畴。

（7）AEO 企业使用的用于海关的识别手段的程序及其要求由委员会决定。

（九）优先办理海关手续

（1）如果在边境的货物运输地点具备技术和基础设施能力，由具有 1 型或 3 型认证的 AEO 企业优先办理进出口货物通关手续。

（2）为了优先办理通关手续，海关在货物进出关境的具备技术和基础设施条件的地点：

①确定完成通关的责任人。

②在成员国之间的公路口岸为 1 型或 3 型认证的 AEO 企业设置单独通道，并在其官方互联网站点上列出口岸清单。

（3）在以下情况下，海关机构优先办理进出口货物申报和放行：

①货物代理人是具有 1 型或 3 型认证的 AEO 企业。

②与报关有关的海关业务由具有 1 型或 3 型认证的 AEO 企业的报关代理人办理。

（十）在 AEO 企业的设施、房屋（房屋的部分）和（或）露天场地（露天场地的一部分）临时存放货物的特性

（1）根据本法典第 433 条第 3 和 4 款，临时储存货物可临时存放在具有 2 型或 3 型认证的 AEO 企业的设施、房屋（房屋的部分）和（或）露天场地（露天场地的部分）里。

（2）本条第 1 款规定的设施、房屋（房屋的部分）和（或）开放场地（露天场地的部分）是海关监管区。

（3）根据成员国海关调节法关于程序的规定，在 AEO 企业的设施、房屋（房屋的部分）和（或）露天场地（露天场地的一部分）的货物可以与其他根据成员国海关调节法临时存放的货物存放在一起。

（4）如果根据本法典第 435 条第 1 款规定的理由停止认证，则根据本法典第 435 条第 6 和 7 款认证续签之前，不允许货物在 AEO 企业的设施、房屋（房屋的部分）和（或）露天场地（露天场地的一部分）临时存放。

（十一）在由 AEO 企业建立的设施、房屋（房屋的部分）和（或）露天场地（露天场地的部分）的海关监管区交付过境货物时海关通关的特点

（1）为完成海关过境货物通关流程，承运人在将货物运至由 AEO 企业建立的设施、房屋（房屋的部分）和（或）露天场地（露天场地的部分）的海关监管区后，需向 AEO 企业提供运单编号信息以及交通（运输）和商业文件。

（2）AEO 企业必须：

①检查运送货物的交通工具，以确定是否存在更换、拆除、销毁或更换印记及（或）损坏该交通工具整体货舱（舱室）的事实。

②根据本条第 1 款内容将承运人提供的以下信息在 1 小时内向海关发送：运单号、是否有设施封锁、设施封锁形式以及号码，以及交通工具上的设施封锁是否有变化、破坏或更换的迹象。如果海关工作时间未开始，则在海关开始工作后的 1 小时内发送。

③确保货物的存储，防止破坏包装，防止货物被使用和处置，直到获得海关机构的许可才能施封锁。

（3）目的地海关自收到本条第 2 款第 2 项所述的信息的 3 小时内，或者海关结束工作时间 3 小时内、开始工作的 3 小时内，授权去除设施封锁，如果设施封锁已使用或者已解除，海关可以允许或拒绝对货物进一步处理。

（4）如果目的地海关授权 AEO 企业解除设施封锁，AEO 企业应在承运人在场的情况下依据成员国的法律解除设施封锁并接受货物。

如果未使用设施封锁，并且目的地海关已授权对货物采取进一步行动，则 AEO 企业应依据成员国的法律接受承运人的货物。

AEO 企业从承运人接受货物的事实通过在承运人的交通（运输）和商业文件上填注的日期和时间来确认。

加上这些填注内容后，AEO 企业立即向目的地海关当局发送一份通知，内容包括过境报关单号、从承运人接受货物的日期和时间。

（5）目的地海关收到 AEO 企业根据本条第 4 款规定的通知后，应在收到后 4 小时内完成海关过境通关手续，如果收到时距离目的地海关工作时间结束 4 小时，则必须在第二天工作开始的 4 小时内完成。

如果没有本法典第 151 条第 9 款规定的标记内容，目的地海关通过信息系统完成海关过境通关手续。

目的地海关完成过境通关手续后通知 AEO 企业。

承运人可以前往目的地海关，按照本法典第 151 条第 9 款的规定，通过加盖印章完成海关过境通关手续。

（6）AEO 企业根据本条第 4 款对承运人进行货物验收登记后，该货物被视为临时存放在 AEO 企业的设施、房屋（部分房屋）和（或）露天场地（露天场地的部分）里。

（7）如果目的地海关通知 AEO 企业禁止解除施封锁，并对货物进行海关查，则依据本法典第 151 条第 7 款和第 8 款的规定完成海关过境的通关手续。

（8）本条规定适用于 AEO 企业作为过境货物的收货人。

（9）成员国的立法还可以规定铁路运输的过境货物运送至 AEO 企业海关监管区的具体通关手续。

（十二）AEO 企业作为报关代理人的通关手续并在提交报关单前放行货物的特点

（1）报关代理人的货物可在根据以下海关程序提交货物申报之前放行：

①用于国内消费。

②在关境内进行加工。

③加工用于国内消费。

④自由贸易区。

⑤免税仓库。

⑥临时进境，无须支付进口关税和税款，无须支付反倾销和反补贴税。

（2）如果 AEO 企业作为报关代理人，则在提交报关单前申请放行货物时，需向海关以电子形式申请办理先行放行。

（3）可以在遇到技术故障、通信设备（电信网络和互联网）工作中断等情况下，依照成员国法律规定以纸质文件提交报关。在这种情况下，根据本法典第 120 条第 4 款申请货物报关前放行。

（4）AEO 企业可在放行货物的一个月的 15 日之前提交放行申请。该时限是根据本法典第 4 条第 6 款制定的。

（5）在 AEO 企业作为报关代理人的情况下，当货物放行时，无须缴纳关税、税收、反倾销和反补贴税的担保金。

（十三）AEO 企业的责任

（1）AEO 企业必须遵守以下条件：

①遵守根据本法典 443 章第 7 条加入名录的条件。

②根据本法典第 436 条缴纳 AEO 企业担保金。

③及时将法人实体加入 AEO 名录、信息变动等情况通知海关。如有变更，则在变更该信息之日起 14 个自然日提交有关文件。

④履行按照本法典要求缴纳关税、税款、反倾销和反补贴税的担保金，最迟不得迟于海关按照本法第 55 条第 3 款和第 73 条第 3 款中规定的期限的最后一天。

⑤根据本法典、其他国际条约和成员国海关调节法等规定的其他责任。

（2）加入 AEO 名录的 1 型、3 型经认证的经营者除遵守本条第 1 款规定的责任外，还必须符合本法典第 437 条第 2 款第 6 项规定的印章要求。

（3）除遵守本条第 1 款规定的义务外，2 型、3 型 AEO 企业还需要履行：

①遵守本规则第 433 条第 3 款第 2-4 点规定的加入名录的条件。

②遵守根据本法典第 437 条第 7 款确定海关使用的施封锁的程序。

③允许海关要求进入其设施——房屋（部分房屋）和（或）露天场地（露天场地的部分），并对货物进行检查。

（4）如在本条第 1 款第 3 项规定的期限内，海关机构未收到 AEO 企业变更内容的信息，则该企业应按照成员国的立法承担责任。

（5）法人实体或 AEO 企业有义务按照海关规定办理过境、货物暂存、海关手续等其他海关业务。

（十四）海关与 AEO 企业的合作

（1）为了开展海关与 AEO 企业之间的合作，可以根据成员国立法的有关规定缔结协议（备忘录或其他文件）。

（2）AEO 企业可以指定一名负责简化手续的负责人或管理层成员专门负责与海关之间开展合作。

（3）海关应加强与 AEO 企业之间的合作，必要时可以指定专人负责。

（4）可以根据成员国的立法建立海关与 AEO 企业之间合作的程序。

第五节　阿联酋的 AEO 制度

一、资格要求

（一）AEO 申请标准

为了成为 AEO 计划的一部分，必须提交申请，由海关验证作为 AEO 认证过程的开始。申请人必须符合 AEO 资格状态，申请程序包含必须满足的某些标准。所需的数据和信息需要以正规的方式提供，提供透明度。

（二）AEO 参与者

AEO 的参与者是从事海关相关活动或国际供应链的法人（非自然人），包括以下实体：制造商、运输代理、报关企业、运输商、出口商、进口商、仓库、港口及其他。在申请之前无须满足的财务或其他正式门槛。参与海关法规定的海关相关活动或国际供应链活动的新成立的法律实体可以申请，包括整个法人实体或公司。

（三）AEO 申请人

申请人是参与海关相关活动的法人实体或作为国际供应链的一部分；申请人在阿联酋开展业务，并遵守海关业务规定；每个法人实体适用一份申请；不得申请有限的 AEO 认证，例如某公司的制造场地或一个海关流程

（如出口）；在申请之前，无须满足财务或其他正式门槛；申请人或其高级行政管理人员自申请之日起三年内无与经济活动有关的严重刑事犯罪；申请人在申请前三年内没有被海关撤销 AEO 资格；如果申请人自愿申请解除以前或现有的 AEO 资格，可无障碍提交新申请。

二、AEO 标准

AEO 申请被接受后，适用以下 AEO 认证的标准：

（一）记录

（1）维护与公认会计原则一致的会计制度，便于海关稽查监管。

（2）允许海关审查申请人的海关和运输记录。

（3）拥有与申请人的商业类型和规模一致的管理机构，管理货物流动业务及能发现非法或违规交易的内部控制。

（4）如可行的话，具有合适的程序来处理与商业政策措施或农产品贸易有关的许可证和授权。

（5）具有合适的程序记录公司信息和存档，防止信息丢失。

（6）如发现遵守规定有困难，确保员工具有意识和必要通知海关，并在这种情况发生时建立联系，通知海关。

（7）制定适当的 IT 安全措施，以保护信息和通信技术系统免受未经授权的入侵和确保文档安全。

（二）偿付能力

近三年，海关关税缴纳情况良好，显示合规和无明显债务。

申请人的邓白氏（信用）评级应为 B 或以上。在特殊情况下，海关可以接受较低的偿付能力评级，但必须调查导致评级较低的原因，并完全记录申请人符合较低标准的理由。

（三）合规

如果在过去三年中或在现有可查记录的期间，且在提交申请之前无任何人严重违反或重复违反海关规定的行为，合规记录应视为正常。这些人员包括申请人、申请人单位负责人或行使管理权的负责人、申请人单位负责海关事务的人。

（四）安全

（1）建筑物所使用的材料应可防止非法进入和非法入侵。

（2）应有适当的进入管控措施，以防止未经授权的人进入航运区、装卸码头和货物区。

（3）货物搬运措施包括防止任何材料被调换或丢失和篡改货物单位。

（4）如可行的话，应有措施处理与禁限规定相关的进口和 / 或出口的许可证，并与其他商品区分。

（5）所实施的措施应明确确定业务伙伴，以确保国际供应链安全。

（6）如立法许可的话，申请人应对在安全敏感岗位工作的相关员工进行安全检查，并定期进行背景检查。

（7）申请人应确保相关工作人员积极参与安保意识计划。

第六节　马来西亚的 AEO 制度

一、AEO 方案的目标

AEO 方案的制定是为了实现以下目标：

（1）执行可预测和透明的全球贸易安全标准。

（2）提高马来西亚贸易商 / 经营者对监测其各自供应链安全的守法程度和认识。

（3）鼓励贸易商、经营者根据既定标准管理各自的供应链安全。

（4）使马来西亚海关的做法与国际最佳做法相一致。

（5）将马来西亚定位为全球舞台上一个安全的贸易国家。

（6）提高马来西亚贸易商 / 经营者的国际竞争力。

二、经认证的经营者

AEO 是参与货物国际流动的一方，其任何职能都已得到国家海关总署的批准，符合世界海关组织或同等供应链安全标准。AEO 包括制造商、进口商、出口商、经纪人、承运商、合并商、中间商、港口、机场、码头运营商、综合运营商、仓库和分销商。在马来西亚，AEO 身份仅授予获得 AEO 小组认可和授权的贸易商 / 经营者，拥有其独特 AEO 标识代码。

三、标准

（1）AEO 方案申请的合格标准。

（2）在马来西亚从事货物进出口业务至少三年的公司。

（3）符合安全要求的公司。

（4）公司必须有能力以电子方式提交货物申报和支付关税 / 税款。

（5）公司必须具备安全功能，以确保持续的货物库存管理，并定期检查运输工具和集装箱中潜在的关于安全方面的违规行为：供应链安全、商业安全、进出货栈安全、人员安全、业务合作伙伴安全、货物安全、运输安全、信息通信技术和信息安全。

（6）公司必须建立机制：自 AEO 秘书处提出请求之日起两周内，向海关提供货物清单；全面控制纳入业务程序的 AEO 方案，检查与进出口有关的货物清单，并确保遵守海关和其他贸易管制程序、法律和条例。

（7）保存与进出口、库存、采购和档案记录的准确、完整和可核查的记录（1965 年《公司法》要求的 7 年）。

（8）公司应当设立部门或者指定负责会计和财务记录的工作人员，保存完整的会计账簿和记录。

四、申请程序

申请加入 AEO 的公司必须提交以下文件：

（1）公司董事签署的 AEO 申请书。

（2）公司简介及公司登记证书的复印件。

（3）已完成合规性检查的相关证明文件。

（4）联络 AEO 事项的指定人或授权代表。

（5）经认证的审计师审计的最新财务报表副本。

（6）AEO 货物清单，包括货物说明、HS 法规和法律法规要求（批准书、许可证或许可证）。

五、处理批准程序

（1）所有申请将由 AEO 秘书处检查和注册。

（2）AEO 秘书处核实 AEO 事务相关人员的背景和记录。

（3）AEO 秘书处必须与 AEO 申请人安排现场验证审计，并提供聘书副本进行验证审计，包括对申请表、合规清单和申请人提交的证明文件的验证。

（4）如果 AEO 小组认为申请人在规定时间内达到合规要求，则可以进一步审议该申请。AEO 秘书处将通知申请 AEO 小组的决定，其中包括申请不成功的原因。

（5）批准后，秘书处将向 AEO 公司签发批准书，说明 AEO 方案的设施和利益、遵守的规则以及作为 AEO 的责任。

六、AEO 系统下的海关流程

（1）海关临时申报和放行货物的许可请求单（permission request slip，PRS），这是电子临时报关单，在货物进口、出口、流动和本地销售点自动从海关监管放行。

（2）AEO 必须确保 PRS 的质量，海关信息系统（CIS）将给予每个 PRS 应用程序自动释放状态。所需的 PRS 数量将按表格类型和交易类型确定如下：进口 / 出口需要印制两份 PRS，并在出入境口岸交给海关批准；流动（包括转运、过境和其他流动）必须印制三份 PRS，并交给离境站的海关批准；许可制造仓库（LMW）的本地销售，对于具有 AEO 状态的 LMW 本地销售，只需打印一份副本并作为参考。

（3）关税 / 税项最终申报和计算的合并报表（CS）。CS 是根据 PRS 提交的定期声明。它作为自我评估完整的海关申报，计算应缴纳的关税 / 税款。

（4）AEO 有责任确保：在规定交易期间批准的所有 PRS 必须在规定时限内向 CS 申报；CS 的申报信息准确；应支付的关税 / 税金将以电子方式传达给 AEO。

（5）缴纳关税 / 税金。要支付的税额的信息将显示在 AEO 系统中，AEO 只能通过指定银行使用电子资金转移（EFT）工具支付关税 / 税金。

（6）申请退款和关税退税。AEO 出口的应税退税 / 退款货物无须查检即可放行，但也可进行随机检查。

（7）AEO 必须保留所有库存记录和会计文件，以核实退税。

（8）根据合规性清单和解释性说明，海关验证申请人遵守 AEO 要求的情况。

（9）国家合规司将进行合规审计。使用一般接受会计准则（GAAP），审查完整的记录和系统地审计跟踪所有商业文件、协议、银行文件、任何其他与商业交易相关的文件、关税 / 税款支付记录。

七、暂停、撤销、退出、终止和上诉 AEO 身份

在暂停或撤销现有的 AEO 身份之前，AEO 秘书处可以与 AEO 协商。

（一）暂停

AEO 小组可能会决定暂停 AEO 身份：AEO 企业经常和 / 或重复地犯下技术和行政罪行；AEO 企业未遵守 AEO 要求；AEO 企业必须在 AEO 小组确定的特定期间内纠正不合规行为，直至 AEO 企业将不允许使用 AEO 设施；如果 AEO 企业无法在 AEO 小组指定的时间内纠正不合规行为，AEO 小组可决定撤销其 AEO 身份。

（二）撤销

AEO 小组可决定撤销 AEO 身份：AEO 企业被发现不遵守相关的法律法规；AEO 企业因犯罪而在法庭上受到指控和处罚；被撤销的公司可自撤

销之日起 3 年后申请 AEO 身份。

（三）退出或终止

AEO 企业向 AEO 秘书处提出书面请求而撤销；如果 AEO 企业被置于接管、清算、解散和破产之下，AEO 身份应终止。

（四）上诉

接到否决、暂停或撤销 AEO 授权通知的公司，可在收到 AEO 授权后 30 天内向 AEO 小组提交书面上诉通知；AEO 秘书处必须提交一份报告，向 AEO 小组提出建议，供其审议；AEO 小组将在 AEO 小组会议上做出决定。

八、授权经济经营者责任清单

（1）公司必须遵守马来西亚皇家海关（RMCD）制定的任何条件和规定。

（2）如果 AEO 合规性审计发现公司不遵守 RMCD 的条件和要求，AEO 身份将被暂停或撤回。

（3）获批的公司可以享受其子公司不能享受允许的 AEO 设施。

（4）公司和 / 或公司的董事将因公司代理人 / 雇员以及代表公司第三方任何疏忽、不当行为而承担连带责任。

（5）如果公司的组织结构和行政事务有任何变化，公司应通知RMCD。

（6）公司必须立即通知 RMCD 发生的任何错误，并采取适当行动防止类似错误再次发生。

（7）公司必须提供和申报与货物的进口、出口和流动。

（8）公司必须保存和维护 / 更新有关进口、出口、流动、支付关税 / 税款的记录 / 文件和其他相关系统文件。

（9）公司必须提供相当于上一年度向 RMCD 支付的关税 / 税项总额的10% 担保，由财务部门 / 行政（董事会）负责人签署。

（10）公司必须向指定银行（RHB 伊斯兰银行）开立账户支付关

税 / 税款，并将账户详情上报 AEO 秘书处。

（11）公司必须按照格式向 AEO 秘书处提交 AEO 智能卡申请。

（12）公司必须在规定期限内申报合并声明（CS）。

（13）公司必须在规定时间缴纳关税 / 税款。

（14）公司必须使用"指定运输公司"进行货物进出口和货物的流动。

（15）公司必须查明和加强贸易供应链中任何薄弱环节。

（16）公司按照有关法律法规的要求执行和监督 AEO 计划并就海关事务与海关 AEO 秘书处保持沟通。

（17）公司应每年开展内部审计，确保遵守贸易供应链安全并采取强化措施（如有必要）。

第七节　澳大利亚的 AEO 制度

一、资格标准

（一）企业认证标准

（1）根据澳大利亚《海关法》第 179 条（1）（a）款、海关法第 176A 条或者海关法第 177 条的规定要求，签订诚信贸易商协议的企业应满足的认证标准。

（2）企业必须满足第 9 至 11 节中的标准，以充分应对与该企业的国际供应链相关的风险。

（二）企业的状态和经验

（1）企业是根据新税务系统法（1999 年版）认可的企业。

（2）企业有澳大利亚商业代码。

（3）企业根据《海关法》第 176B 条提出诚信贸易商申请前，应至少连续两年开展与国际供应链有关的活动。

（三）财务标准

企业应具备到期偿付所有债务的能力。

（四）操作系统

（1）企业使用的电子或手动操作系统能够准确地记录和生成信息，使移民和边境保护工作人员能够执行以下所有操作：

①评估企业向政府提供的与企业国际供应链有关的信息的正确性（无论该信息是否提供给海关总署，移民和边境保护工作人员，或其他机构）。

②评估该企业是否遵守海关相关法律、本规定和该企业参与的诚信贸易商协议。

③确定第①项所提及的向政府提供的任何资料的来源。

④从记录或信息中追溯交易和企业国际供应链行为，获得审计记录。

（2）企业使用的电子或手动操作系统清楚地记录了以下信息：

①与企业国际供应链有关的财务事项。

②在任一时间参与本企业国际供应链活动的其他参与方信息。

③记录信息和提交报告人员的身份。

（3）企业的记录应为英文或可被翻译成英文。

（4）企业使用的电子或手动操作系统可防止误用，丢失和未经授权的访问。

（五）信息传输和信息质量

（1）企业采取措施，保证以下事项：

①录入电子或手动操作系统，或由该系统提供的，与企业的国际供应链相关的信息的准确性。

②企业向政府提供的与企业国际供应链有关的信息（无论该信息是否提供给海关总署，移民和边境保护工作人员，或其他机构）满足海关相关法律、本法规和该企业参与的诚信贸易商协议的要求。

（2）企业采取措施，确保以下信息传输不会发生误用、丢失和未经授权的访问：

①企业与其他参与该企业国际供应链活动的参与方之间的信息传输。

②企业与政府部门（无论该信息是否提供给海关总署，移民和边境保

护工作人员，或其他机构）之间与企业国际供应链有关的信息传输。

（3）企业遵照本条第（1）（2）款规定执行。

（六）国际供应链安全

（1）企业应有针对企业国际供应链的安全风险评估，且采取措施降低上述风险，且遵照上述规定执行。

（2）遵照本条第（3）至（7）款规定执行，但该规定仅限于企业参与国际供应链的相关活动。

（3）企业应采取人员安全措施，以确保审查确定企业现有员工、拟聘任员工、承包商（或未来承包商）对企业国际供应链存在的风险；组织针对员工和承包商的遵守海关相关法律或货物安全的培训；禁止企业的前雇员和原承包商进入企业的场所或系统（企业允许的情况除外），且遵照上述规定执行。

（4）企业应采取场所安全措施，包括但不限于以下内容：通过授权，控制场所进入人员和货物安全；确保货物在进出企业场所及在场所保存时，不发生非法和未授权的移动、变换或干扰。遵照上述规定执行。

（5）企业应采取与货物运输相关的安全措施，包括但不仅限于以下内容：确保货物运输安全，防止非法或未授权的移动、变换或干扰；确保进出场所的货物与商业或其他单证的一致性。遵照上述规定执行。

（6）企业应采取措施确保集装箱不发生非法或未授权的变换或干扰，包括但不仅限于以下内容：保证集装箱在货物包装前及运输途中的安全；保证集装箱正确加封以确保运输途中的安全。遵照上述规定执行。

（7）企业应采取货物安全措施，包括但不仅限于以下内容：保证货物不发生非法或未授权的移动、变换或干扰；除海关同意或授权外，保证海关监管货物不发生移动、变换或干扰。遵照上述规定执行。

（七）遵守海关法律法规

（1）企业遵守海关法律法规。

（2）为确保企业遵守海关法律法规，海关必须审查以下事项：

①企业采取的确保遵守海关法律法规的任何措施。

②企业国际供应链的相关活动的范围及频率。

③企业违反海关法律法规的行为及其严重程度。

④企业向政府（无论是海关还是其他部门）披露的其在国际供应链活动中违反海关法律法规的情况。

⑤在国际供应链活动中存在违反海关法律法规的情况：违法情况的发生是否存在企业控制范围外的原因；企业是否采取措施防止违反海关法律法规行为的发生。

⑥本条第⑤款所提措施的有效性。

（八）企业对其他人的责任

企业应采取适当措施保证所有参与其国际供应链活动的参与方：满足第 9-11 项标准，以充分应对国际供应链存在的风险，遵守海关法律法规。遵照上述规定执行。

二、诚信贸易商协议

（一）加入诚信贸易商协议

（1）根据《海关法》第 179 条（1）（b）（i）要求，对于企业按照《海关法》第 176B 条提交的加入诚信贸易商协议的申请，本节规定了海关总审计长在决定是否批准该申请时需要考虑的内容。

（2）海关总审计长需考虑与该企业达成诚信贸易商协议可能产生的风险，包括与下列有关的风险：

①联邦。

②该企业的国际供应链安全。

③澳大利亚授信贸易商计划的目标和组织机构。

（3）如该企业在本次根据《海关法》第 176B 条提交申请的 3 年内，存在根据《海关法》第 178A 条终止诚信贸易商协议的情形，海关总审计长需考虑终止该申请。

（4）海关总审计长必须考虑该企业在根据《海关法》第 176B 条提交申请的 2 年内，是否一直遵守海关法律法规，以及同时需考虑第 12 条（2）项中所列的与遵守法律法规相关的事项。

（5）对于本条第（6）款所列的人员，在过去 10 年内，有违反海关相关法律法规或联邦法律法规或州、领地的法律法规记录的，海关总审计长必须考虑该违法违规行为是否会对以下构成风险：

①该企业的国际供应链。

②此人负责管理或控制该企业的国际供应链的履职能力。

（6）本项规定涵盖下列人员：

①该企业。

②如该企业为法人团体，则包括全部董事。

③如该企业为合伙企业，则包括全部合伙人。

④如该企业是一信托机构，或该信托机构的受托人，则包括该信托机构的每一位受托人。

⑤考虑到此节第（2）条所列风险，海关总审计长认为本项应涵盖的人员，包括该企业聘用或参与该企业国际供应链业务的相关人员。

（7）若该企业的管理层或控制该企业的人员存在以下情况的，海关总审计长必须考虑与此人有关的风险：无偿付能力的，或该人员管理或控制过有破产记录的企业。

（二）修改诚信贸易商协议

根据《海关法》第 179 条（1）（b）（ii）规定，海关总审计长在决定是否修改一份诚信贸易商协议时应考虑的事项包括：给予该企业第 17 项规定的优惠措施所存在的风险，该企业是否遵守第 18 项规定的条件，以及诚信贸易商协议规定的条款。

三、贸易便利措施

（一）暂时性诚信贸易商便利措施

（1）《海关法》第 179 条（1）（e）规定了已被授予暂时性诚信贸易商资格的企业可享受的便利措施。

注意：该协议可要求该企业遵守与享受便利措施有关的特定条件（详见第 19 条第（4）款）。

（2）该企业可与一位移民和边境保护人员直接联系，该联系人可协助联络联邦相关部门：协助解决与该企业国际供应链相关的问题，或为该企业在国际供应链中需使用到的联邦的相关系统提供技术支持，以及企业在国际供应链中与海关相关法律法规相关的咨讯。

（3）该企业可获得以下优先办理的便利：

①要求在关税、估价、进口商品原产地方面优先裁定或者要求移民和边境保护部对优先裁定进行审核。

②符合 2015 年海关（国际义务）条例第 37 条第 3 或 4 项规定条件的退税申请。

③申请退还或减免根据 2015 年海关（国际义务）条例第 107 条或第 6 条规定征收的关税。

（二）持续性诚信贸易商便利措施

（1）《海关法》第 179 条（1）（e）规定了已被授予持续性贸易便利措施资格的诚信贸易商协议的企业可享受的便利措施。

注意：该协议可要求该企业遵守与享受便利措施有关的特定条件（详见第 19 条第（4）款）。

（2）该企业有资格使用澳大利亚诚信贸易商标识，以及"澳大利亚诚信贸易商"这一名称。

（3）该企业的海关监管货物可获优先查验。

（4）该企业可获得第 16 条所规定的便利措施。

四、其他相关要求

（一）澳大利亚诚信贸易商计划参与者应遵守的要求

（1）根据《海关法》第 179 条（1）（c）规定，已签订诚信贸易商协议的企业，在参与澳大利亚诚信贸易商计划过程中，需遵守此节规定的要求。

（2）该企业必须持续地符合认证标准，以及符合协议规定的特定标准（如果有相关规定）。

（3）该企业应向移民和边境保护官员提供所有切实可行的协助，以使其能对该企业是否持续遵守认证标准和协议要求开展评估。

注意：协议可对评估的情形和方式做出规定。

（4）本条第（5）款里规定的人员不能有违反海关相关法律法规、联邦其他法律法规或州、领地法律法规的行为，因为此种行为会对以下带来风险：

①该企业的国际供应链。

②负责管理或控制该企业的国际供应链的人员有效履职的能力。

（5）本款涵盖下列人员：

①该企业。

②如该企业为法人团体，则包括全部董事。

③如该企业为合伙企业，则包括全部合伙人。

④如该企业是一信托机构，或该信托机构的受托人，则包括该信托机构的每一位受托人。

⑤该企业聘用或参与该企业国际供应链业务的相关人。

（6）根据协议，该企业必须指定一个人员作为主要联系人，以及告知移民和边境保护部当前联系人的联系方式。

（7）根据协议，该企业必须在得知如下信息后及时告知移民和边境保护部：

①协议据以签订的基础情形所发生的任何改变。

②可能对该企业国际供应链的参与人员遵守海关法律法规、本文件以及协议产生影响的任何情形。

③任何违反海关相关法律法规、此文件以及协议的行为。

④符合本条第（4）款规定的违法违规。

（8）该企业不得向联邦（包括向海关总审计长、移民和边境保护官员、移民和边境保护部或其他机构）提供错误或误导信息，尤其与下列有关的信息：

①该企业所参与的诚信贸易商协议的签订或修改。

②遵守本条所规定的条件的情况或者遵守协议规定的其他条件的情况。

（二）诚信贸易商协议的其他要求

（1）《海关法》第 179 条（1）（g）规定了诚信贸易商协议可对企业做出的其他要求。

（2）协议可要求企业按照规定的情形和方式，向海关总审计长提供企业是否持续遵守认证标准和协议规定的自我评估报告。

（3）协议可对第 18（3）款所述评估的开展的情形和方式做出规定。

（4）对于企业根据第 16 或 17 款享受的便利措施，协议可对企业应遵守的要求做出规定。

（5）协议可要求企业在满足以下情形的基础上，记录、披露或使用与协议和澳大利亚授信贸易商计划有关的信息：协议授权许可，且按照协议规定的情形和方式。

（6）协议可要求，在双方同意的前提下，根据协议规定的情形和方式：按照企业和海关总审计长达成的一致意见修改或暂停协议，或终止协议。

五、诚信贸易商协议的修改、终止或暂停

（一）该部分的适用条件

这个部分描述了根据《海关法》第 179 条第 1.7 款，在海关法第 178A 条授权下对协议进行修改、终止或暂停时，海关总署审计员必须遵循的程序，以及根据《海关法》第 179 条第 1 款（i），在《海关法》第 178A 条授权下对协议进行修改、终止或暂停时，海关总署审计员必须考虑的事项。

注意：《海关法》第 178A 条（1）款规定，当海关总署审计员认为协议相关的企业存在违反本法或协议条款的情形的，海关总署审计员可以修改、终止或暂停该诚信贸易商协议。

（二）修改或终止

（1）当海关总署审计员有充分理由认为企业违反以下规定，并根据《海关法》第 178A 条（1）款规定，做出修改或终止该企业诚信贸易商协议的提议时，适用本部分条款：本法规定的要求，或协议中规定的条件或条款。

注意：海关总署审计员可根据第 22 款规定，对协议做出立即暂停的决

定。

（2）在做出决定之前，海关总署审计员必须向企业发出书面通知（述因通知）：

①声明海关总署审计员将要按照《海关法》第 178A 条（1）款的规定，对企业的诚信贸易商协议做出修改或终止。

②陈述做出该决定的原因。

③请企业在 10 个工作日内做出书面反馈，或是在通知中规定一个更长的期限，该反馈需要说明该协议不应被修改或终止的原因。

④对《海关法》第 178A 条和本部分的法律效力做概要描述。

（3）做出述因通知后，当考虑是否修改或终止协议时，海关总署审计员必须考虑包含（但不限于）以下的因素：

①在述因通知中注明的期限内收到的企业反馈。

②本条第（1）款中涉及的不合规行为的范围和程度。

③企业对于上述不合规行为向海关相关部门进行的主动披露。

④该不合规行为是否源于超出该企业主观可控的原因。

⑤该经济企业采取或提出的阻止或补救该不合规行为的措施。

⑥该经济企业采取或提出的防止同类不合规行为的措施。

（4）在本条第（5）款给出的合理的期限内，海关总署审计员必须对企业做出决定修改或终止协议的书面通知，以及做出该决定的原因，或决定不修改或终止协议的书面通知。

注意：根据澳大利亚行政裁判所制度，做出修改或终止信任贸易商协议后需要复审（见该法案第 273 条 GA（1）（je）部分）。本款第①项中提到的通知，内容必须包含由行政裁判所做出的复审内容（见该法案第 273 条 K 部分）。

（5）本条第（4）款涉及的合理期限如下：

①若该经济企业在本条第（2）款规定的期限内对述因通知做出反馈，海关总署审计员收到反馈后的 30 个自然日，或企业和海关总署审计员达成一致意见的另一个收到反馈后的期限。

②以下任何其他情况：本条第（2）款规定，在述因通知中明确的最后

期限后的 30 个自然日，或企业和海关总署审计员达成一致意见的另一个期限。

（三）立即暂停

（1）当海关总署审计员有充分理由认定企业在过往没有遵循或现在没有遵循以下规定，并按《海关法》第 178A 条（1）款规定，对一个企业诚信贸易商协议做出立即暂停的提议时，适用本部分条款：本法规定的要求，或协议中规定的任何条款或要求。

（2）在决定是否立即暂停企业的协议时，海关总署审计员应考量该企业的不合规行为（在第（1）部分中提到的）是否会立即对以下对象产生严重的危险和威胁：

①澳大利亚联邦。

②该企业的国际供应链安全。

③澳大利亚授信贸易商计划的目标和组织机构。

（3）如果海关总署审计员做出对协议进行立即暂停的决定，海关总署审计员必须对企业做出书面通知：

①声明该协议的暂停立即生效。

②说明做出暂停决定的原因。

③声明暂停的期限，以及本条第（5）（6）款的影响。

④包含对《海关法》第 178A 条和本部分规定的法律效用、作用的概要描述。

注意：对诚信贸易商协议立即暂停的决定需要由澳大利亚行政裁判所复审（见该法案第 273 条 GA（1）（je））。该部分提到的述因通知需要包含澳大利亚行政裁判所关于暂停该协议的决议。

（4）本通知可由在第 21（2）分段中提到的述因通知作为补充。

（5）在暂停期间，协议仍然有效，该企业必须持续地符合海关法、本法有关条款及协议所规定的要求，但是由该协议产生的该企业享受的便利措施不再有效。

（6）该协议的暂停期限，开始于对协议做出暂停决定的当日，结束于以下期限的最早时点：

①本条第（3）款中提到的该通知中列明的最后期限结束后的第 2 日。

②如果在期限结束前，海关总署审计员决定根据第 21 部分变更或终止该协议，或者不进行暂停，在做出决定的当日；结束暂停，则在做出决定的当日。

（7）如果海关总署审计员决定在通知中规定的暂停结束日期前结束该暂停决定，海关总署审计员必须就该决定向企业做出书面通知。

第八节　其他国家的 AEO 制度

一、中国与乌干达的 AEO 互认安排

2021 年，中国海关在世界海关组织第五届全球 AEO 大会期间，与乌干达海关签署《中乌海关关于"经认证的经营者（AEO）"互认的安排》，这是中国海关在非洲地区签署的首个 AEO 互认安排。

AEO 制度由世界海关组织倡导，旨在通过海关对守法程度、信用状况和安全水平较高的企业进行认证，给予企业通关便利。不同国家海关之间可以通过 AEO 互认，给予对方符合资质的企业相关便利。

中乌两国签署海关 AEO 互认后，两国向对方 AEO 企业提供的便利措施包括适用较低的查验率，优先查验需实货检查的货物，指定海关联络员沟通解决通关问题，在国际贸易中断并恢复后优先通关等。上述利好，将帮助两国 AEO 企业大大压缩货物通关时间，最大限度降低企业港口、保险、物流等贸易成本，有力提升国际竞争力。

海关统计显示，截至 2021 年，中国海关已与 20 个经济体、46 个国家（地区）实现 AEO 互认，互认国家（地区）数量居全球首位。

二、日本的 AEO 制度

（一）《海关法》关于经认证的经营者（出口）的规定

1. 关于外国货物存放地点的限制

（1）外国货物只允许存放在保税区域。但是，下列货物例外：

①遇难船上的货物。

②因货物难以放置于保税区域或放置于保税区域明显不当而经海关关长同意在指定期限放置于指定区域的货物。

③根据《刑法》（1948 年第 131 号法令）有关规定被没收的邮递物品、货物，以及内阁令中规定的其他货物。

④为便于执行，经海关关长批准同意存放于非保税区域的快件。快件应符合《私营企业邮递信件法》（2002 年第 99 号法令）第 2 条（定义）第（3）款的有关定义，该定义同样适用于获得进口许可的货物、关于申请快件的准用条款以及邮递物品的扣留等。

⑤第（2）款所规定的经认证的出口申报货物以及由海关关长批准许可出口的货物（以下称为"经认证的出口申报货物"）。

（2）尽管有上述规定，但限制进口货物第（1）款第①至④项、第⑤-2 项、第⑥项以及第⑧至⑩项所列明的货物（仅限于非为进口而运抵的货物，且不包括该款第⑨项所列明的仅侵犯布图设计权的货物）不得存放于保税区域。

2. 出口或进口许可

出口方或进口方应依据内阁令的规定，向海关关长申报货物的品名、数量和单价 [数量与单价被视为课税（在有特殊申报货物的情况下，仅限于《与海关有关的临时措施条例》关于优惠关税等第（1）款第②项所规定的特殊工业产品）的基础] 以及其他必要事项，以便使该货物得到恰当的检查并获得进出口许可。

3. 出口申报或进口申报的时间

（1）在将货物存放于保税区域或海关指定区域（指定区域可以是保税区域，或是依据外国货物存放的地点限制第（1）款第②项由海关关长指定的区域，下同）之后应进行出口或进口申报。但是，如有下列情形之一的，本条不适用。

①依据内阁令的规定，海关关长批准的将货物存放于非保税区域或非海关指定区域的申报。

②经认证的进口商或者未予认证而将通关事宜委托经认证的报关行办理的进口商，依据内阁令的规定所提交的进口申报（不包括《与海关有关的临时措施条例》关于优惠关税等第（1）款第②项所规定的特殊工业产品的申报）。

（2）本条第（1）款所包括的进口申报应当依据进港程序第（1）款或第（7）款的规定在向海关报告进口货物信息后或依据第（2）款、第（8）款、关于进出港简易程序第（2）款或第（4）款的规定在向海关提交包含货物信息的文件后进行。

4. 出口申报的特殊规定

（1）事先经海关关长认证，同意其出口货物的出口商（以下简称"经认证的出口商"），或将其与出口货物有关的通关事宜委托经认证的报关行办理的出口商（以下简称"未予认证而将通关事宜委托经认证报关行办理的出口商"），在填写了出口申报单后，即表明该出口商并不想适用第（1）款的有关规定。在此情形下，该条的相关规定不应适用于上述申报。

（2）经认证的出口申报（即经认证的出口商的出口申报，依据本条第（1）款之规定不适用于第（1）款规定的出口申报，下同）或经认证的委托出口申报（即未予认证而将通关事宜委托经认证报关行办理的出口商的出口申报，依据本条第（1）款之规定不适用于第67-2条第（1）款规定的出口申报，本条第（5）款、第79-3条第（3）款定义亦同）应向有管辖权的海关关长做出，其管辖区域包括存放该出口货物的场所、开放港口/海关监管的航空港、除开放港口/海关监管的航空港外装载货物的其他港口/航空港。在此情形下，未予认证的出口商应委托经认证的物流经营者承办该货物由出口货物存放地至开放港口/海关监管的航空港或除开放港口/海关监管的航空港外装载货物的其他港口/航空港的运输。

（3）本条第（1）款之规定不适用于关于证书或确认书第（1）款及内

阁令所规定货物的出口申报。

（4）申请认证适用本条第（1）款之规定的出口商应向海关关长提交一份包含有货物品名及其他必要事项的申请表。

（5）与前述各项规定之申请有关的其他必要事项，包括经认证的出口申报或经认证的委托出口申报的报告内容，将由内阁令做出规定。

5. 认证的有关条件

在上一条第（1）款所述的认证过程中，海关关长应当核实下列条件是否满足：

（1）提出认证要求的申请人不得符合下列情形之一：

①申请人因违反本法、《海关税法》、其他与海关有关的法律规定或基于上述法律而发布的命令而受到处罚或被处以行政罚款，且自处罚或罚款执行完毕之日起未满 3 年的。

②申请人因违反任何关于证书或确认书第（1）款或第（2）款所涉及的其他法律法规中与出口有关的规定而受到处罚，且自处罚执行完毕之日起未满 2 年的（不包括情形（a）中所指的申请人）。

③申请人因违反本条（a）（b）之外的法律法规的相关规定而受到刑罚或更严重处罚的，且自处罚执行完毕之日起未满 2 年的。

④申请人为公司，其董事会成员、法人代表或雇员符合本条（a）至（c）所述情形的。

⑤依据关于认证的撤销第①项或第②项（b）小项之规定，对申请人做出的认证决定曾被撤销，且自撤销之日起未满 3 年的。

（2）享受认证出口申报待遇的货物出口时，申请人可通过电子数据处理系统进行法定的出口申报，并可以恰当和可靠的方式来进行相关操作（包括那些直至将货物运至外贸船只上出口而对货物进行的有关操作，下同）。

（3）申请人需通过一个关于享受认证出口申报待遇货物出口操作的符合性测试程序，该程序中包括一些由财政部法令所规定的应与本法或其他法律法规保持一致性的事项，申请人（当申请人为法人时还包括董事会成员）、法人代表、经理和雇员应当遵循这些事项。

6. 资料的保存

（1）依据内阁令的有关规定，经认证的出口商应保存记录了认证出口申报货物的品名、数量、单价及其他必要事项的资料，并保存好在与该货物交易期间自制或收到的上述资料、单证以及其他由内阁令规定的单证。

（2）略。

7. 退出经认证出口商状态的报告

依据内阁令的规定，经认证的出口商可向签发关于出口申报的特殊规定第（1）款所称之认证书的海关关长提交一份报告，告知其该经认证的状态已经不再需要。

8. 认证的失效

（1）当发生下列情形之一时，依据出口申报的特殊规定第（1）款所称之认证应当被终止：

①提交了上一条所规定的报告。

②当经认证的出口商死亡，且依照关于许可的延续第（2）款之规定做出、并依照关于申请许可延期的准用规则进行必要修正的申请未在该条款规定的到期日内提交，或已做出了不予签发该条所称之认证书的决定。

③经认证的出口商解散。

④经认证的出口商开始进入破产清算程序。

⑤海关关长撤销了该认证决定。

（2）即使依据第（1）款所规定的认证的效力被终结时，已获得认证的一方或其继承人（在已获得认证的公司发生兼并不再存在的情况下，由兼并后存续的企业或兼并后新设的企业作为其继承人）在其消亡之前不得免除其对已取得出口许可、经认证的出口申报货物的责任。该责任包括存放并保护好第（1）款中规定的资料和单证以及本法和其他与海关有关的法令所规定的资料。

9. 认证的撤销

当发生下列情形之一时，海关关长可以撤销关于出口申报的特殊规定第（1）款所称之认证：

（1）未能遵守存放并保护好第（1）款中的资料和单证的要求时，或在资料和单证中发现存在虚假信息的。

（2）当经认证的出口商符合下列情形之一的：

①不再适用关于认证的有关条件第①项或第②项之规定的。

②由海关关长依据关于改进的命令之规定做出的改进命令未得到遵照执行的。

10. 申请许可延期的准用规则

依据许可的延期第①至⑤项的规定，应当经过必要的调整后适用于经认证的出口商。有关必要调整的技术性解释将由内阁令予以规定。

11. 出口许可的撤销

（1）当出口许可由于取消出口或其他原因而不再需要时，经认证的出口商可向给予其出口许可的海关关长提出申请，撤销已做出的出口许可。

（2）当依照前款之规定提出了撤销许可的申请，或当海关关长认为恰当实施本法所必需时，海关关长可在经认证的出口申报货物装载到轮船之前撤销出口许可。

（3）当海关关长认为有必要依据前款规定撤销出口许可时，可以安排海关关员对经认证的出口申报货物进行检查。

12. 关于经认证申报货物遭受损失的报告

当处置存放于非保税区域的经认证出口申报的货物时，应依据外国货物的处置主要条款的有关规定做必要的调整后加以适用。当存放于非保税区域的经认证出口申报货物遗失时，应依据缴纳海关关税的义务等第（3）款的规定做必要的调整后加以适用。在上述情形中，主要条款中的"向海关"应被替换为"向给予其出口许可的海关关长"，第（3）款中的"获得许可运营保税区域的一方"应被替换为"与上述经认证出口申报货物有关的经批准的出口商"，条款中的"海关关长"应被替换为"给予其出口许可的海关关长"。

13. 进出口申报需附的单证

（1）进出口申报应当附上发票。但是，当进行关于特殊申报货物的经认证的出口申报或进口申报时，海关认为存在不能附发票的原因的，或者存在其他内阁令所规定的不需附发票情形的，可不必附上发票（除非海关关长认为附上发票对有关授予许可的判断而言是必需的）。

（2）当基于前款所述之发票难以确定进口课税的基础时，可根据前款之附带条件确定课税之基础，或依据与海关相关条约的特别规定申请权益时，海关可要求提交诸如合同或其他供课税所用的必要单证及内阁令所规定的申请上述权益所需要的单证。

（二）《海关法》关于经认证的经营者（进口）的规定

1. 特殊申报

（1）事先经海关关长认证同意的进口商（以下简称为"经认证的进口商"），或将与货物进口有关的通关事宜 [即《报关法》（1967 年第 122 号法令）第 2 条（定义）第（1）款第 a 项所规定的通关手续，下同] 委托给经认证的报关行 [即第 79-2 条（救济行为）所规定的经认证的报关行，在第 63-2 条第（1）款、第 63-7 条第（1）款第②项第（a）项以及第 67-3 条第（1）款中定义亦同] 的一方（以下简称为"未予认证而将通关事宜委托经认证报关行办理的进口商"），对适用自估税额程序的货物，尽管有上一条第（2）款之规定，仍可通过向海关关长提交一份阐明课税基础、税款金额以及其他任何与上述货物有关之必要事项的报关单（以下简称"特殊申报单"）的方式，进行上一条第（1）款所称之申报。

（2）在进行特殊申报（即通过提交一份特殊申报单的方式进行上一条第（1）款所称之申报，下同）时，应当为给予进口许可并适用特殊申报的货物（以下简称为"特殊申报货物"）准备特殊申报单，并不迟于上述进口许可做出之次月的最后一天，将申报单提交给管辖范围包括进口上述特殊申报货物区域的海关关长。

（3）依据前款规定提交的任何特殊申报单都被称为"到期日前做出的特殊申报单"。

（4）本条第（1）款之规定不适用于《与海关有关的临时措施条例》（1960 年第 36 号法令）附表 1-6 中所列明的货物或内阁令所规定的其他类似货物。

（5）根据本条第（1）款之规定申请获得认证的进口商应向海关关长提交一份包含企业名称、地址以及其他必要事项的申请表。

（6）上述各条款规定之申请有关的其他必要事项，包括特殊申报单所包含的具体项目，将由内阁令予以规定。

2. 被视为特殊申报的情形

任何经认证的进口商或未予认证而将通关事宜委托经认证的报关行办理的进口商，如未按申报第（2）款之规定做出进口申报，将被视为对上述进口申报货物选择进行特殊申报（上一条第（4）款所规定的货物除外）。

3. 到期日后的特殊申报

（1）一方未能在到期日之前提交特殊申报单的（即经认证的进口商或未予认证而将通关事宜委托经认证的报关行办理的进口商，未能在提交期限内提交特殊申报单的，包括进口商的继承人，或当进口商为公司且出于兼并原因不再存在而由兼并后存续或新建的企业继承的），即使在超过规定的提交期限后，仍可向特殊申报第（2）款中所指的海关关长提交包含如到期日前做出特殊申报单所需阐明具体项目内容的特殊申报单，直到依据关于决定第（2）款之规定做出决定为止。

（2）依据前款规定提交的任何特殊申报单都被称为"到期日后做出的特殊申报单"。

4. 认证的有关条件

对根据关于特殊申报第（5）款之规定提交的申请表，如符合下列情形之一的，海关关长可不予通过上一条第（1）款所指的认证：

（1）申请人符合下列情形之一的：

①申请人因违反本法或其他任何与国家税收有关的法令而受到处罚或依据本法（包含依据其他任何与海关有关的法令在适用时需做必要调整的情形）或《国家税收违法行为控制法》（1900 年第 67 号法令）之规定被处以行政罚款，且自处罚或行政罚款执行完毕之日起未满 3 年的。

②申请人因违反本条（a）项以外的法律法规的相关规定而受到刑罚或更严重处罚的，且自处罚执行完毕之日起未满 2 年的。

③申请人为公司，且其董事会成员、法人代表或雇员符合本条（a）或（b）所述情形。

④申请人自申请认证之日起 3 年内，依据关于较重的税款滞纳罚金第

（1）款或第（2）款之规定或依据《全国税收程序法》第68条第（1）款或第（2）款之规定，其与进口货物有关的关税、特许权税或地方消费税被处以较重的税款滞纳罚金的。

⑤申请人自申请认证之日起3年内，曾经滞纳与进口货物有关的关税、特许权税（即《关于对进口货物征收特许权税的法令》（1955年第37号法令）第2条（定义）第①项所规定的特许权税）或地方消费税的。

⑥依据关于认证的撤销第（1）款之第①项第（c）（d）（f）小项或该条第（1）项之第②款的规定，对申请人做出的认证决定曾被撤销，且自撤销之日起未满3年的。

（2）申请人进口特殊申报货物时不能通过电子数据处理系统［即《关于海关手续使用电子数据处理系统操作的特殊规定的法令》（1977年第54号法令）第2条（定义）第①项所规定的电子数据处理系统］进行特殊申报，或不能以恰当和可靠的方式来进行相关操作的。

（3）申请人尚未就进口特殊申报货物之相关操作通过符合性测试程序，该程序包括一些由财政部法令所规定的应与本法或其他法律法规保持一致性的事项，申请人（当申请人为法人时还包括董事会成员）、法人代表、经理和雇员应当遵循这些事项。

5. 担保条款

（1）依据内阁令之规定，海关关长如认为有必要对关税、特许权税及地方消费税（在本款中简称为"关税等"）提供担保时，可命令经认证的进口商或未予认证而将通关事宜委托经认证的报关行办理的进口商为关税等提供担保，并明确担保的金额与期限。

（2）如有必要，海关关长可更改前款所述之担保金额或期限。

6. 资料的保存

（1）依据内阁令的有关规定，经认证的进口商应保存记录了特殊申报货物的品名、数量、单价及其他必要事项的资料，并保存好在与该货物交易期间自制或收到的上述资料、单证以及其他由内阁令规定的单证。

（2）略。

7. 退出经认证进口商状态的报告

依据内阁令的规定，经认证的进口商可向签发关于特殊申报第（1）款所称之认证书的海关关长提交一份报告，告知其该经认证的状态已经不再需要。

8. 认证的失效

（1）当发生下列情形之一时，依据关于特殊申报第（1）款所称之认证应当被终止：

①提交了上一条所规定的报告。

②当经认证的进口商死亡，且依照关于许可的延续第（2）款之规定做出、并依照关于申请许可延期的准用规则进行必要修正的申请未在该条款规定的到期日内提交，或已做出了不予签发该条所称之认证书的决定。

③经认证的进口商解散。

④经认证的进口商开始进入破产清算程序。

⑤海关关长撤销了该认证决定。

（2）即使依据第（1）款所规定的认证的效力被终结时，已获得认证的一方或其继承人（在已获得认证的公司发生兼并不再存在的情况下，由兼并后存续的企业或兼并后新设的企业作为其继承人）在其消亡之前不得免除其对已取得进口许可的特殊申报货物的责任。该责任包括提交特殊申报、为特殊申报货物缴纳应征或应付的关税等以及存放并保护好第（1）款中规定的资料和单证。

9. 认证的撤销

当发生下列情形之一时，海关关长可以撤销关于特殊申报第（1）款所称之认证：

（1）当经认证的进口商符合下列情形之一的：

①依据关于较重的税款滞纳罚金第（1）款或第（2）款之规定以及《全国税收程序法》第 68 条第（1）款或第（2）款之规定，其与进口货物有关的关税、特许权税或地方消费税被处以较重的税款滞纳罚金的。

②在到期日前未能缴纳与进口货物有关的关税、特许权税或地方消费税的。

③在到期日前未能提交特殊申报单或《关于对进口货物征收国内消费税的法令》第6条（关于申报放行及对应税项目缴纳税款的特别措施）第（2）款所规定的特殊的税款申报单的。

④依据关于担保条款第（1）款之规定做出的命令未能得到执行的。

⑤符合关于认证的有关条件第（1）款第①至②项或第（2）款所述情形之一的。

⑥由海关关长依据关于改进的命令之规定做出的改进命令未得到遵照执行的。

（2）未能遵守存放并保护好第（1）款中的资料和单证的要求时，或在资料和单证中发现存在虚假信息的。

依据前款之规定撤销认证的相关手续以及关于适用前款之规定的其他必要事项，将由内阁令予以规定。

10. 申请许可延期的准用规则

依据关于许可的延期第（1）至（5）款的规定应当经过必要的调整后适用于经认证的进口商。有关必要调整的技术性解释将由内阁令予以规定。

11. 纳税期限的延长

（1）如进口货物适用自估税额程序的一方依据关于申报第（2）款之规定提交了进口申报单，且已向第（2）款所述之海关关长提交了关于延长前一条第（1）款所规定的关税缴纳期限（在本款及下一款中简称为"纳税期限"）的申请表，并且已向上述海关关长提供了税款担保（其价值等同于在上述进口申报表中标明的税款金额的一部分或全部），尽管有前一条第（1）款的规定，如果该税款额未超出所提供担保的价值，海关关长可将纳税期限最长延至3个月。

（2）如进口货物（不包括特殊申报货物）适用自估税额程序的一方向管辖范围包括拟进口区域的海关关长提交了关于对将在一个月（在本款中简称为"特定月份"）内进口货物延长税款缴纳期限的申请表，提出该申请的时间最晚不迟于特定月份上一月的最后一日，且已向上述海关关长提供了税款担保（其价值等同于将于特定月份内进口货物的累计税款额），尽管有前一条第（1）款的规定，如果特定月份内的累计税款额未超出已提供担保的价值，海关关长可将进口货物的纳税期限自该特定月份最后一日的次日起最长延长 3 个月。

（3）如经认证的进口商或未予认证而将通关事宜委托经认证的报关行办理的进口商在到期日之前提交了特殊申报单，且在该提交特殊申报的期限内已向特殊申报第（2）款所述之海关关长提交了关于延长关税缴纳期限的申请表，该税款额应等于前一条第（2）款第①项所规定的税款金额，并且在到期日之前已提供了价值等同于在上述特殊申报单中所标明税款金额的全部或部分的担保，则尽管有前一条第（2）款的规定，如果该税款额未超出所提供担保的价值，海关关长可将该纳税期限最长延至 2 个月。

（4）本条第（1）至（3）款规定中的申请表包含的具体项目，以及与适用上述条款之规定有关的其他必要事项，将由内阁令予以规定。

12. 出口或进口许可

出口方或进口方应依据内阁令的规定，向海关关长申报货物的品名、数量和单价 [数量与单价被视为课税的基础，在有特殊申报货物的情况下，仅限于《与海关有关的临时措施条例》第 8-2 条（优惠关税，等）第（1）款第②项所规定的特殊工业产品] 以及其他必要事项，以便使该货物得到恰当的检查并获得进出口许可。

13. 出口申报或进口申报的时间

（1）在将货物存放于保税区域或海关指定区域（指定区域可以是保税区域，或者依据关于外国货物存放的地点限制第（1）款第②项由海关关长指定的区域,下同)之后应进行出口或进口申报。但是,如有下列情形之一的,本条不适用。

①依据内阁令的规定，海关关长批准的将货物存放于非保税区域或非海关指定区域的申报。

②经认证的进口商或者未予认证而将通关事宜委托经认证的报关行办理的进口商，依据内阁令的规定所提交的进口申报（不包括《与海关有关的临时措施条例》关于优惠关税等第（1）款第②项规定的特殊工业产品的申报）。

（2）本条第（1）款所包括的进口申报应当依据关于进港程序第（1）

款或第（7）款的规定在向海关报告进口货物信息后或依据第（2）款、第（8）款、关于进出港简易程序第（2）款或第（4）款的规定在向海关提交包含货物信息的文件后进行。

（三）《海关法》的执行条例：关于经认证的经营者（出口）的规定

1. 有关经认证的出口申报 / 经认证的委托出口申报的申报物品

依据《海关法》第 67 条（出口或进口许可）之规定申请第 58 条所述的适用于《海关法》第 67-3 条（出口申报的特殊规定）第（1）款之规定的出口申报（限于由经认证的出口商做出的申报）时，第 58 条中的"下列物品"应被替换为"不打算适用《海关法》第 67-2 条（出口申报或进口申报的时间）第（1）款之规定的下列物品"。该条中的"可省略，并要求对旅客或船员所携带的行李物品 [不包括《外汇令》（1980 年第 260 号内阁令）第 8-2 条（进口或出口支付方式的通知）第（1）款第①项所列的支付方式下的商品或有价证券，以及该条第（1）款第②项所列的贵金属] 进行口头申报"应被替换为"可省略"。

2. 指定不适用于出口申报特殊规定的货物

《海关法》第 67-3 条（出口申报的特殊规定）第（3）款所规定的由内阁令做出规定的货物是指：

（1）《关于出口的贸易管制令》（1949 年第 378 号内阁令）附表 1 第 1 行中间一列所列的货物（不包括本条下一项中的货物）。

（2）出口到《关于出口的贸易管制令》附表 4 所指定国家或区域的货物，需依据《外汇及外贸法》（1949 年第 228 号法令）第 48 条第（1）款之规定获得许可或依据《关于出口的贸易管制令》第 2 条第（1）款之规定获得批准。

3. 经认证出口商的认证申请程序

（1）《海关法》第 67-3 条（出口申报的特殊规定）第（4）款所规定的申请表中应包含下列事项：

①申请取得《海关法》第 67-3 条第（1）款所称之认证资格的申请人（在本条第（3）款及第（4）款中简称为"申请人"）的家庭 / 办公地址以及

个人 / 企业名称。

②依据《海关法》第 67-3 条第（1）款之规定进行出口申报的货物名称。

③符合《海关法》第 67-4 条（认证的有关条件）第（1）款第（a）至（e）项任一小项的条件并适用该条款的相关事实。

④应被关注的其他事项。

（2）《海关法》第 67-4 条第（3）款所定义的符合性测试程序的有关资料应附于前款中的申请表后。

（3）申请人为法人的，应将法人的注册证书附于本条第（1）款所称之申请表后。

（4）海关关长应将认证的决定以书面形式通知申请人，如未认证通过的，应书面告知其未予认证通过的事实及原因。

（5）根据《海关法》第 67-3 条第（1）款之规定经认证的出口商（以下简称为"经认证的出口商"）应在本条第（1）款第①项所列的与认证有关的事项发生变化时及时向授权其通过认证的海关关长报告。

4. 资料描述的事项

（1）经认证的出口商应保存记录了经认证的出口申报货物[即《海关法》第 30 条（关于外国货物存放地点的限制）第（1）款第⑤项所规定的经认证的出口申报货物，下同]相关信息的资料，包括货物名称、数量、单价、收货人个人 / 企业名称、许可日期以及许可号。

（2）《海关法》第 67-6 条（资料的保存，等等）第（1）款所指的由内阁令予以规定的单证应包括合同、发票、装箱单、价格清单以及由生产商或销售商所做的描述与出口商交易情况的单证。如果上述经认证的出口申报货物符合《海关法》第 70 条（证书或确认书）第（1）款或第（2）款所规定的情形，单证应包括那些本条第（1）款所规定的许可和 / 或批准情况的证明文件、检验证书、已满足本条第（2）款所规定之所有条件的证明文件和 / 或其他有关描述经认证的出口申报货物性质和外观的单证。

（3）在本条第（1）款所称之资料中予以描述的全部或部分事项已包含在前款中的出口许可或其他单证中时，资料中可不再记录上述事项。

（4）经认证的出口商应当对本条第（1）款中的资料以及第（2）款中

的单证（如适用上一款的有关规定的，还应包括出口许可，下同）进行整理，并自获得出口许可之日起在从事经认证出口申报货物贸易的出口商的首要或主要的办公室，或经认证出口商的办公室或其他类似场所或办公 / 居住地址内保存 5 年。

（5）如已依据《海关法》或其他与海关有关的法律法规之相关规定向海关关长提交了本条第（2）款所规定的单证，则不再适用本条第（3）款及第（4）款之规定。

（6）依据《海关法》第 67-6 条第（2）款之规定对《电子存储资料法》的有关规定做必要调整以适用于经认证的出口商时，第 4-12 条第（7）款的规定应进行相应调整以适用于《电子存储资料法》有关规定的技术性解释。

5. 退出经认证的出口商状态的报告程序

第 4-13 条的规定应进行相应调整以适用于《海关法》第 67-7 条（退出经认证出口商状态的报告）所规定的报告。在此情形下，第 4-13 条第（1）款中的"经认证的进口商"应被替换为"经认证的出口商"。第 4-13 条第（2）款中的"《海关法》第 7-2 条（特殊申报）第（1）款"应被替换为"《海关法》第 67-3 条（出口申报的特殊规定）第（1）款"，以及"《海关法》第 7-2 条第（1）款"应被替换为"《海关法》第 67-3 条第（1）款"。

6. 撤销认证的程序

依据《海关法》第 67-9 条（认证的撤销）之规定撤销《海关法》第 67-3 条（出口申报的特殊规定）第（1）款所规定的认证时，第 4-14 条的规定应进行相应调整以适用于该情形。

7. 关于处置经认证出口申报货物的通知

第 29 条的规定应进行相应调整以适用于《海关法》第 34 条（外国货物的处置）主要条款中所规定的报告，正如依据《海关法》第 67-12 条（关于经认证申报货物遭受损失的报告，等等）之规定进行相应调整以便适用一样。在此情形下，"将被处置的货物"应被替换为"将被处置货物的出口许可号以及货物本身"。

此外，《海关法》第 38-2 条的规定应进行相应调整以适用于《海关法》第 45 条（缴纳海关关税的义务，等等）第（3）款所规定的报告，正如依据《海关法》第 67-12 条之规定进行相应调整以便适用一样。在此情形下，"外国货物存放的保税区域的名称和地址"应被替换为"外国货物的出口许可号"。

（四）《海关法》的执行法令：关于经认证的经营者（进口）的条款

1. 适用于特殊申报表的情况

以下具体内容应按照《海关法》第 B 条第 1 款（特殊申报）（以下简称"特殊申报表"）的要求填报在特殊申报表中：

（1）唛头、数字、名称、数量和价格，数量和价格作为海关对特殊申报货物（指《海关法》第 B 条第 2 款规定的"特殊申报货物"，下同），或按照《海关法》第 4 条第 1 款第 2 项（货物征税时限）的规定，用作特殊申报货物生产原料的外国货物（下同，除第 3 和 4 款）实施估价的依据。

（2）特殊申报货物的原产地。

（3）进口申报时特殊申报货物的存放地点。

（4）特殊申报货物获准进口的日期和数量。

（5）特殊申报货物的税号、关税率、不同税号对应的应缴税额和应缴税总额。

（6）当适用于《海关关税法》或其他有关关税的法律、法规规定的减免税情况，货物的用途和所适用的法律法规条款。

（7）当适用于第 61 条第 1 款第 2 至 4 项规定的特殊申报货物优惠情况，货物的用途和按照第 61 条第 1 款第 2 至 4 项规定的《日本与新加坡合作协议》《日本与墨西哥合作协议》《日本与马来西亚合作协议》项下签发的原产地证书，除非海关关长认为原产地可自货物的外形或种类直接判断，或该货物的关税完税价格不超过 20 万日元 [指按照《海关关税法》第 4 条第 4 至 8 款（关税完税价格的计算）的规定，经海关依据货物的数量和价格调整计算的、用以计征税款的货物价值，以下第 8 至 10 款相同]。

（8）当适用于第 61 条第 1 款第 2 至 4 项规定的优惠情况，特殊申报货物应为按照该项（以下简称"非原产国过境货物"）（b）1 至（b）2 规定的非原产国过境货物（除非该货物的关税完税价格不超过 20 万日元）。

（9）关税完税价格的计算因素和其他相关信息，不包括适用于《海关关税法》第 4 条第 1 款（关税完税价格审定原则）规定的情况，以及依据第 A.2 条第 2 款第 1 项所列的发票、运费科目、保险费列报、装箱单等直接计算关税完税价格的情况。

（10）按照《海关关税法》第 4 条第 2 款第 1 至 3 项的规定，是否存在该条第 4 项规定的特殊关联关系影响关税完税价格的情况，列明这些交易条款的具体内容和其他相关情况（包括说明特殊关联关系对交易价格的影响情况，及其原因）。

（11）其他需注明的事项。

上文第 1 款第 1 项所指的数量，作为海关对特殊申报货物实施估价的依据，应为按照财政部制定的各类商品计量单位确定的上述商品的单位净值。

上文第 1 款第 1 项所指的价格，作为海关对特殊申报货物实施估价的依据，应为依据《海关关税法》第 4 条第 4 至 8 款规定计算上述货物关税完税价格所适用的价格。

上述第 1 段第（2）款所指的原产地，应为符合以下情况的国家和地区（指第 3C 条第 1 款第 2 项、第 3D 条第 2 款、第 51.4 条第 1 款第 2 项、第 51.12 条第 1 款第 2 项和第 59 条第 1 款第 2 项规定的"原产地"）：按照财政部令的规定，完全在一个国家或地区生产的货物；按照财政部令规定的方式，以经过实质性改变的原材料生产或加工的除（1）以外的货物。

上条第 2-5 款的规定适用于第 1 款的情况。为此，"进口报关单""本款第 3 项"和"本条第 3 款第 4 项"应分别更换为"特殊申报表""下条第 1 款第 9 项"和"第 10 项"，该条第 5 款中"第 1 款第 3 或 4 项"应更换为"下条第 1 款第 9 或 10 项"。

2. 不适用于特殊申报的货物

适用于《海关法》第 B 条第 4 款（特殊申报）中内阁令规定的商品，应为"海关暂时管理办法"第 E 条第 1 款（关于新鲜、冷藏和冷冻牛肉的特殊关税措施）规定的新鲜、冷藏和冷冻牛肉，以及该办法第 7.6 条第 1 款（关于活猪和猪肉的特殊关税措施）规定的活猪和猪肉。

3. 成为经认证的进口商等的申请程序

（1）按照《海关法》第 B 条第 5 款（特殊申报）的规定，需在申报表列明以下事项：

①家庭或公司地址，按照《海关法》第 B 条规定、提出认证申请的个人姓名或公司名称（以下第 3 和 4 款简称为"申请人"）。

②当适用于《海关法》第 E 条第 1 款第 1 至 6（认证要求）项中任一情况时，适用的事实情况。

（2）需随上款所述的申请表，附上《海关法》第 E 条第 1 款第 3 项规定的"守法计划"材料。

（3）作为企业申请人，需随第 1 款所述的申请表，附上企业登记证。

（4）海关关长应书面通知申请人是否接受申请；如拒绝申请，应说明存在的事实和拒绝的理由。

（5）按照《海关法》第 B 条第 1 款规定给予认证的进口商（以下简称为"经认证的进口商"），当出现第 1 款第 1 项所列认证事项变化时，应立即向认证的海关关长报告。

4. 提供保证金的手续

按照《海关法》第 H 条第 1 款的规定，海关应对提交保证金做出书面要求，包括保证金的具体金额和提供时限。

5. 台账记录事项等

（1）经认证的进口商应设立台账，记录名称、数量、价格、委托人的姓名或委托公司的名称，准许日期和准许进口的特殊申报货物（本条和第 83 条第 3 款简称为"经准许的特殊申报货物"）的数量。

（2）《海关法》第 7.9 条第 1 款（台账保管）中内阁令规定的以下单证：

①合同、发票、运费单、保单、装箱单、价目表或其他制造商或卖方提供的描述交易情况的单证，用于货物的关税计量。

②除上述以外的单证，用于经准许的特殊申报货物的归类，包括材质分析。

③第 59 条第 2 款规定的单证（限于经准许的特殊申报货物为上文所指的保税货物的情况）。

④第 61 条第 1 款第 1 项规定的原产地 ⎱ 限于海关协定的特别条款中规定的税收优惠（包括第 60.2 条的优惠措施，但不包括第 61 条第 1 款第 2 项的优惠措施）适用于经准许的特殊申报货物的情况，但不包括经准许的特殊申报货物的关税完税价格 [当按照《海关关税法》第 4 条第 4 至 8 款（关税完税价格的计算）的规定，依据数量审定关税完税价格，计征关税的，第 5 和 6 项同样适用] 不超过 10 万日元的情况，也不包括发票或其他单证注有原产地的情况 ⎰。

⑤第 61 条第 1 款第 2 项《日本与新加坡合作协议》、同款第 3 项《日本与墨西哥合作协议》、同款第 4 项《日本与马来西亚合作协议》项下的原产地证书（限于同款第 2 至 4 项的优惠措施适用于经准许的特殊申报货物的情况，但不包括海关关长认为经准许的特殊申报货物的原产地可自货物的种类或外形直接判定的情况，也不包括经准许的特殊申报货物的关税完税价格不超过 20 万日元的情况）。

⑥第 61 条第 1 款第 2 项 b《日本与新加坡合作协议》要求的运输证书（限于该项的优惠措施适用于经准许的特殊申报货物的情况，但不包括经准许的特殊申报货物关税完税价格不超过 20 万日元的情况），该款第 3 项 b《日本与墨西哥合作协议》要求的运输证书（限于该项的优惠措施适用于经准许的特殊申报货物的情况，但不包括经准许的特殊申报货物关税完税价格不超过 20 万日元的情况），该款第 3 项 b《日本与马来西亚合作协议》要求的运输证书（限于该项的优惠措施适用于经准许的特殊申报货物的情况，但不包括经准许的特殊申报货物关税完税价格不超过 20 万日元的情况）。

⑦《关于海关法执行的暂时管理办法》（内阁令 1960 第 69 号）第 27 条第 1 款规定的经准许的特殊申报货物的原产地证书（不包括该款第 1 或 2 项列明的货物，下项相同）。

⑧《关于海关法执行的暂时管理办法》第 30 条第 1 款规定的与经准许的特殊申报货物（包括同条第 3 款适用的情况）有关的单证（以特定国家原材料或出口部件生产的原产于关税特惠国的货物认证）。

⑨《关于海关法执行的暂时管理办法》第 31 条第 3 款（关税优惠货物运输至日本）中任一列明的、与经准许的特殊申报货物（不包括该内阁令

第 51 条第 1 款第 2 项列明的货物）有关的单证。

（3）当第 1 款所述的台账记录的全部或部分事项已纳入进口许可或上述的其他单证，这些事项可以自台账中删除。

（4）经认证的进口商应按照第 1 款和第 2 款（包括上款所述涉及进口许可的情况，该款其他内容和第 6 款同样适用）的规定建立台账和单证记录，并按照第 1 款的规定自经准许的特殊申报货物准许进口下一月最后一天的下一天（该款及以下条款简称为"初始日"）起保管台账达 7 年，和按照第 2 款的规定自初始日起保管单证达 5 年（或按照前款规定保管单证的删除记录达 7 年），存放地点为进口商的总部及类似机构，或经营经准许的特殊申报货物的经认证的进口商的经营或居住所在地。

（5）按照财政部的特别规定，对上述台账和单证的保管时限可调整为自初始日起 5 年。

（6）当第 2 款所述单证已按照《海关法》或其他海关法律法规的规定提交至海关关长，第 3 和 4 款将不再适用。

6. 结束经认证的进口商资格的报告手续

按照《海关法》第 A 条（结束经认证的进口商资格的报告）的规定，向海关关长报送的书面报告应包括以下内容：

（1）居住或经营地，提交报告的经认证的进口商的姓名或公司名称。

（2）不再适用于《海关法》第 B 条（特殊申报）规定的事实。

（3）按照《海关法》第 B 条第 1 款规定被认证的日期。

（4）其他需注明的事项。

7. 撤销认证的手续

当海关关长按照《海关法》第 A.2 条第 1 款（撤销认证）的规定，撤销按照《海关法》第 B 条第 1 款（特殊申报）所做的认证时，他或她应通知被认证人撤销的事实和理由。

（五）《海关法》的执行法令：关于经认证的经营者（出口）的条款

按照海关法第 6D 条第 3 款（认证要求）的规定，财政部规章详细列明的事项应按以下要求具体申报：

1. 提出认证申请的为企业申请人

（1）确保遵守法律法规的制度内容。

①执行以下第 2 至 4 款内容的部门名称和负责人姓名、职务。

②执行经认证出口申报的部门名称 [指按照《海关法》第 6C 条第 2 款规定的经认证出口申报（出口申报的特别规定），下同]、负责人姓名和职务。

③对经认证的出口申报货物实施物流控制操作的部门名称 [指按照《海关法》第 30 条第 1 款第 5 项（外国货物存放地点限制）规定的经认证出口申报货物]、负责人姓名和职务。

④对遵守法律法规情况实施内部审计的部门名称、负责人姓名和职务。

（2）详细描述有关部门对上述第 1 条第 1 至 4 款内容的实施措施情况和过程。

（3）由董事会成员、代表、经理和其他员工共同遵照实施的确保遵守法律法规（除海关法和其他海关法律法规以外）的规定名称和目标。

（4）当申请人认证商业伙伴为其代理经认证的出口申报和物流控制时，该商业伙伴的经营管理和指导情况。

（5）当违反法律、法规的事情发生时，与海关的沟通渠道和危机管理机制。

（6）台账和单证记录的建立、维护、保管情况 [指按照《海关法》第67.6 条第 1 款（台账维护等）规定的台账和单证记录，本条下同]。

（7）财务状况。

（8）为确保遵守法律法规，对董事会成员、代表、经理和其他员工实施必需的教育和培训情况。

（9）惩罚措施。

（10）其他需注明事项。

2. 提出认证申请的为非企业申请人

（1）确保遵守法律法规的制度内容。

①执行以下第 2 至 4 款内容的人员姓名。

②执行认证出口申报的人员姓名。

③对经认证的出口申报货物实施物流控制的人员姓名。

④对遵守法律法规情况实施内部审计的人员姓名。

（2）详细描述上述第 1 条第 1 至 4 款内容的实施情况和过程。

（3）确保遵守法律法规（除海关法和其他海关法律法规以外）的规定名称和目标。

（4）当申请人认证商业伙伴为其代理经认证的出口申报和物流控制时，该商业伙伴的经营管理和指导情况。

（5）当违反法律、法规的事情发生时，与海关的沟通渠道和危机管理机制。

（6）文件和工作簿的处理、维护、保管事项。

（7）财务状况。

（8）其他需注明的事项。

（六）《海关法》的部门规章

关于 AEO（进口）的条款，按照海关法第 E 条第 3 款（认证要求）的规定，财政部令详细列明的事项应按以下要求具体申报：

1. 提出认证申请的为企业申请人

（1）确保遵守法律法规的制度内容。

①执行以下第 2 至 5 项内容的部门名称和负责人姓名、职务；

②执行经认证进口申报 [指按照《海关法》第 67 条（准许进出口）规定的进口申报（出口申报的特别规定），下同] 和特殊申报 [指按照《海关法》第 B 条第 1 款（特殊申报）规定的特殊申报，下同] 的部门名称、负责人姓名和职务。

③执行安全规定 [指按照《海关法》第 H 条第 1 款（安全规定）要求制定的有关安全规定] 和缴纳关税、国家消费税 [指按照《进口货物国内消费税征收法》（法案 1955 第 37 号）第 2 条第 1 款（定义）规定的国家消费税] 和地方消费税 [指按照《地方税法》（法案 1950 第 226 号）第 72.77 条第 3 款（地方消费税名词定义）规定的进口交易的地方消费税]（本文中以下简称为"安全管理和税款支付"）的部门名称、负责人姓名和职务。

④对特殊申报货物实施物流控制操作的部门名称（指按照《海关法》第 B 条第 2 款规定的特殊申报货物，下同）、负责人姓名和职务。

⑤对遵守法律法规情况实施内部审计的部门名称、负责人姓名和职务。

（2）详细描述有关部门对上述第 1 条第 1 至 5 款内容的实施情况和过程。

（3）由董事会成员、代表、经理和其他员工共同遵照实施的确保遵守法律法规（除海关法和其他海关法律法规以外）的规定名称和目标。

（4）当申请人认证商业伙伴为其代理进口申报、安全管理和税款支付或特殊申报货物的物流控制时，该商业伙伴的经营管理和指导情况。

（5）当违反法律、法规的事情发生时，与海关的沟通渠道和危机管理机制。

（6）台账和单证记录的建立、维护、保管事项 [指《海关法》第 7.9 条第 1 款（台账维护等）规定的台账和单证，本文中下同]。

（7）财务状况事项（包括账簿和其他财务文件，同样适用于下一项 7，第 E 条第 1 款第 7 项和第 2 款第 7 项，第 D 条第 1 款第 7 项和第 2 款第 7 项，第 9 条第 1 款第 7 项和第 2 款第 7 项，第 9.7 条第 1 款第 7 项和第 2 款第 7 项）。

（8）为确保遵守法律法规，对董事会成员、代表、经理和其他员工实施必需的教育和培训情况。

（9）惩罚措施。

（10）其他需注明的事项。

2. 提出认证申请的为非企业申请人

（1）确保遵守法律法规的制度内容。

①执行以下第 2 至 5 项内容的人员姓名。

②执行进口申报等的人员姓名。

③执行安全管理和支付税款的人员姓名。

④对特殊申报货物实施物流控制操作的人员姓名。

⑤对遵守法律法规情况实施内部审计的人员姓名。

（2）详细描述对上述第 1 条第 1 至 5 款内容的实施情况和过程。

（3）确保遵守法律法规（除海关法和其他海关法律法规以外）的规定名称和目标。

（4）当申请人认证商业伙伴为其代理进口申报、安全管理和税款支付或特殊申报货物的物流控制时，该商业伙伴的运营管理和指导情况。

（5）当违反法律、法规的事情发生时，与海关的沟通渠道和危机管理机制。

（6）账簿和单证记录的建立、维护、保管事项。

（7）财务状况事项。

（8）其他需注明的事项。

三、瑞士的 AEO 制度

（一）经认证的经营者

（1）海关根据居住在海关关境的人申请授予经认证的经营者身份，如果符合下列条件：

①遵守海关要求的记录。

②管理商业和运输记录的系统符合海关安全监管。

③已证明具有财务偿付能力。

④具有相关的安全标准。

（2）海关应提供有关条件和授权程序的详细情况。

（3）海关可对申请人和经认证的经营者的业务运作情况进行检查。

（4）关于经认证的经营者的海关规定：

①经认证的经营者的身份由联邦委员会授予。

②经认证的经营者可靠的国际供应链的安全与保障。

③经认证的经营者为海关评估程序、海关安全和保障监管提供便利。

（二）正式条件

1. AEO 身份的申请人

（1）应在瑞士进行商业注册，或在列支敦士登进行公共注册。

（2）其部分业务应参与国际供应链相关的活动。

（3）之前曾获得 AEO 身份但因根据第 112 条第 1 款所述撤销其 AEO 身份的人员，或撤销后至少 3 年未提交新申请的人员；如果符合第 112 条第 5 至第 7 款的标准而经申请获得 AEO 身份的人员。

（4）如果提交申请前 3 年没有严重或反复违反任何联邦法律且遵守瑞士海关的规定，下列人员应视为符合海关规定要求：申请人、申请人公司的负责人或对其管理行使控制权的人、申请人公司负责海关事务的人、在海关事务中代表申请人或申请人公司的人。

2. 商业和运输记录管理

（1）商业管理运输记录系统应便利海关安全和保障监管。

（2）根据瑞士义务法第 662-670 条和第 957-963 条款或 2002 年 4 月 24 日账目法令按公认的商业原则管理商业记录。

（3）使用便利海关监管的会计系统，按时间顺序连续地、不间断地记录其所有业务交易。

（4）遵守关于保留记录的期限和形式、安全和保障措施以及获取数据和文档的规定。

（5）拥有一个符合其公司类型和规模的行政组织，适合管理货物的流动，并具有内部控制系统，能预防、发现和纠正错误，并发现违法或不规范行为交易。

（6）有管理非海关立法相关的进出口限制的程序，使受限制的货物区别于其他商品。

（7）制定程序将公司数据和文档存档，并防止数据丢失。

（8）保证其公司不知如何遵守规定时应通知联邦委员会。

（9）已采取信息技术安全措施保护公司的计算机系统免受未经授权的入侵，并保护其数据。

3. 财务偿付能力

财务偿付能力被视为已证明，如果申请人符合下列条件：

（1）在提交申请前能提供其三年财务状况良好的证明，说明申请人能履行应承担的义务及其业务活动类型。

（2）已支付关税和其他税费。

（3）在提交申请前三年未提出要求签署 1889 年 4 月 11 日联邦法第 293 条所述的重组协议，且未提出第 166 条和第 190-193 条所述的破产申请。

4. 安全和保障标准

安全和保障标准被视为符合条件，如果申请人提供证明满足以下条件：

（1）在提交申请前，第 112 条所列人员在其经营业务三年中均未严重或重复违反规定。

（2）AEO 经营业务所建的场所保证不能非法进入并保护其免受非法侵入。

（3）已采取措施，防止未经授权的人进入办公室、运输区、装货码头、货运区和其他相关区域。

（4）已制定货物搬运措施，以防止交换或丢失任何材料和篡改货物单位。

（5）已采取措施确保贸易伙伴在国际供应链中是安全的、有保障的。

（6）申请人定期检查其员工在工作区域是否构成安全和保障的风险。

（7）申请人对服务人员采取了适当的安全和安保措施。

（8）申请人确保其员工定期接受安全与保障方面的培训。

（三）列支敦士登公国的申请人

1. 必须遵守法律

列支敦士登公国的申请人必须遵守列支敦士登的法律。

2. 适用条款

适用条款列在附件 5 中。

3. 海关手续

（1）AEO 身份的申请必须使用正式表格提交给海关。

（2）申请必须附有以下文件：已填写的海关问卷；海关认为审查申请所需的其他文件。

（3）海关应以适当方式公布所需文件清单。

4. 正式审查申请

（1）在收到文件后 30 天内，海关应验证：是否符合第 112 条款所列的正式条件，是否已提交第 112 条款所列的文件。

（2）如果申请人不符合条件，海关应当将驳回申请的决定通知该申请人。

（3）申请人可根据《海关法》第 116 条对该决定提出上诉。

5. 实质性审查申请

（1）海关应检查遵守第 112 条款第 3 至第 8 项中规定的标准，根据提交的文件以及在申请人的住所进行该审查。

（2）海关应说明申请人业务的特殊性、经营业务类型、规模和业务区域。

（3）必要时可能需要提交额外的文档和信息。

（4）应当记录审查过程及其结果。

（5）如果审查结果导致申请被驳回，海关应给予申请人机会在规定的期限内陈述并采取纠正措施。

（6）依照第 112 条款，海关应在正式审查申请后 180 天内就是否授予 AEO 地位做出决定。

（7）如果第 112 条款第 4 项或 112 条款第 7 项所列的申请人因严重或重复地违反规定而受到刑事诉讼，且诉讼结果与评估获得 AEO 身份的条件相关，海关应暂停对申请的实质性审查。

6. 其他安全与保障审计的认可

（1）使用国际公认的安全与保障证书或由瑞士联邦机构的安全与保障审计以证明符合第 112 条第 7 项所述的安全和保障标准。

（2）瑞士海关认可下列证据：

①根据国际协定颁发的国际公认的安全与保障证书。

②根据共同体法律颁发的欧洲安全和保障证书。

③根据国际标准化组织颁发的国际标准证书。

④根据欧洲标准化组织颁发的欧洲标准证书。

⑤根据其他公认标准签发的证书。

⑥瑞士联邦机构颁发的安全和保障证书。

7. 申请批准

（1）自裁定通知之日起，与 AEO 身份相关的权利和义务生效。

（2）AEO 地位的有效期不受限制。

8. 驳回申请

如果驳回申请，瑞士海关应将裁决结果通知申请人。

9.AEO 的职责

（1）AEO 必须立即通知海关其 AEO 身份所涉及领域发生的变化或可能危及其安全。

（2）AEO 必须提供海关要求的所有信息，并提交执行这些要求所有的文件。

10. 业务运营检查

（1）海关可对申请人或 AEO 的业务运营情况进行检查。

（2）海关可以检查建筑物和设备，要求提供信息并验证数据、文件。

11. 监控、暂停和撤销 AEO 身份

（1）海关有权监控 AEO 是否继续符合条件和标准。

（2）如果法律基础发生重大变化或有理由怀疑 AEO 不再符合条件和标准，海关应进行特别复查。

12. 暂停 AEO 身份

海关将暂停 AEO 身份，如果海关发现或有足够的理由相信：

（1）其不再符合第 112 条款 G 项下的条件。

（2）第 112 条款第 4 项所列的人员被怀疑严重或一再违反第 112 款第 G 项的规定。

（3）AEO 企业：

①不能再提供其财务状况良好的证明，以说明其能履行应承担的义务及其业务活动类型。

②已提交要求签署联邦法第 293 条所述的重组协议，且提出第 166 条和第 190–193 条所述的破产申请。

③未缴纳所欠的关税或其他税费。

④应其要求暂停 AEO 身份。

⑤由于公共卫生和安全或环境的需要，其暂停应立即生效。

⑥暂停之前对启动海关评估程序不会造成影响。

⑦海关应公平设定暂停期。

⑧如果 AEO 企业再次符合条件，海关应解除暂停。

13. 撤销 AEO 身份

（1）海关应撤销 AEO 身份，如果第 112 条款第 4 项所列的人员严重或一再违反第 112 款第 G 项的规定且基于刑法的判决是终审判决，或在暂停期间没有采取必要的措施。

（2）海关应要求撤销其 AEO 身份。

14. 关于安全和保障的进出境申报

如果国际合同规定关于安全和保障的进出境申报，申报义务人应是运进海关关境的货物提货负责人，或运出海关关境的货物申报义务人之一。

第三章

"一带一路"倡议下的 AEO 互认安排

第一节　中国海关 AEO 互认的发展

一、AEO 互认概述

经认证的经营者（AEO）在世界海关组织（WCO）制定的《全球贸易安全与便利标准框架》（以下简称《标准框架》）中被定义为："以任何一种方式参与货物国际流通，并被海关当局认定符合世界海关组织或相应供应链安全标准的一方，包括生产商、进口商、出口商、报关行、承运商、理货人、中间商、口岸和机场、货站经营者、综合经营者、仓储业经营者和分销商。"AEO 制度是世界海关组织倡导制定的一套国际贸易安全与便利的标准。2005 年 6 月，中国海关签署了实施《标准框架》的意向书，表示将逐步实施《标准框架》中的有关内容。

《标准框架》包括了四个核心元素：要求提前递交进出口及转运货物的电子信息；采用一致的风险管理手段；应进口国的合理要求，出口国海关对出口的高风险集装箱和货物进行查验；要求海关向符合该标准的商界提供相应的便利。基于这四个要素，《标准框架》提出了保障供应链安全的两大支柱，即海关与海关之间的合作安排和海关与商界之间的伙伴关系。第一个支柱"海关与海关之间的合作"包括"海关应遵照世界海关组织在综合供应链管理指南（ISCM Guidelines）方面规定的海关监管程序进行操作"等 11 项标准，涉及供应链管理、查验权力和查验技术、风险管理和布控、电子信息交换、绩效和安全评估以及工作人员的廉政等海关监管工作的各个方面。这些标准还将鼓励海关与其他政府部门之间的合作，帮助政府实施统一的边境管理和控制，并通过采取必要措施，使政府能够扩大海关在这个领域的权限和职责。第二个支柱"海关与商界的伙伴关系"包括 6 项标准，企业应执行以海关设定的安全标准为参数的自我评估程序、供应链经营者本身应采取的安全措施、授权认证的取得、新技术的采用、与海关的合作与交流以及获取贸易便利的条件等。

因此，从事国际贸易的企业取得经认证的经营者的地位将使其得到各方的信任，并得到各项贸易便利措施所带来的好处，比如由于查验率降低而使得货物的通关速度加快，因为建立了一套国际标准，实现了一致性和可预见性，减少了多样而复杂的报告要求，从而节约了时间和成本等。为实施这些标准，《标准框架》还就每项标准制定了详细的实施细则（也称技术性规定）。比如第二个支柱标准的实施细则规定：关于伙伴关系，"共同制定的海关－商界伙伴关系文件应尽可能根据经认证的经营者（AEO）商业模式，启动书面的可验证的安全步骤和程序，以保证 AEO 的商业伙伴，包括生产商、产品供应商和一般的商人宣布遵守保障全球贸易安全与便利标准框架中各标准条款的意向"。关于安全问题，"应通过必要的自动备份方式，诸如需要定期换发新证的个人分配密码账户，适当的信息系统安全培训和对于未授权进入或误用信息的保护来保护贸易敏感数据"。关于授权认证，"海关当局应和商界代表一起设计一套确认体系或者资质鉴定制度，使企业通过获取经认证的经营者资格而得到激励"，"各海关应对 AEO 地位予以互相承认"。《标准框架》的标准和实施细则大都来源于世界海关组织已制定的有关公约及其成员的一些比较成功的实践经验。

为实现《全球贸易安全与便利标准框架》的目标，AEO 制度旨在通过加强海关与海关、海关与商界以及海关与其他政府部门之间的合作，从而促进全球供应链安全与贸易便利化，实现海关与企业互利共赢、贸易畅通。海关通过开展 AEO 互认合作，相互认可对方国家（地区）的 AEO 企业资质，并提供通关便利措施。获得 AEO 认证的企业可直接享受到适用较低的查验率、优先办理海关业务、设立联络员、非常时期优先通关等以信用管理为基础的差别化便利监管措施，大大压缩企业通关时间，最大限度地降低进出口企业贸易成本，提升企业市场竞争力，助力更多企业"走出去"。

中国海关将按照国家"一带一路"倡议和支持企业"走出去"战略总

体部署，全力推进与"一带一路"沿线国家和主要贸易国家的 AEO 互认磋
商进程，帮助中国 AEO 企业在越来越多的国家和地区享受互认便利，继续
加快推进与"一带一路"沿线国家和重要贸易国家 AEO 互认合作，力争在
2020 年年底前完成与"一带一路"沿线有制度且有意愿国家的 AEO 互认合
作；积极探索"一对多"区域 AEO 互认模式，研究探索中国海关与东非6国、
南美4国、欧亚经济联盟等区域 AEO 互认主体，增强"一对多"区域 AEO
互认的可行性，从而大幅加快 AEO 互认步伐；以世界海关组织建设 AEO 2.0
为契机，打造中国海关 AEO 互认合作的升级版，实施"四个扩大"：一是
扩大 AEO 互认国家（地区）范围；二是扩大 AEO 互认便利措施；三是扩
大 AEO 互认便利措施落实成效；四是扩大中国海关的国际影响力和话语权。

二、"一带一路"倡议下 AEO 互认的作用

"一带一路"指的是"丝绸之路经济带"和"21 世纪海上丝绸之路"
的简称。"一带一路"其实就是借用古代丝绸之路的历史符号，高举和平
发展的旗帜，积极发展与沿线国家的经济合作伙伴关系，需各国携手努力，
朝着互利互惠、共同安全的目标相向而行。

2005 年6月，世界海关组织在第 105/106 届理事会年会上，通过了《全
球贸易安全与便利标准框架》。中国海关积极响应世界海关组织的倡议，
在会上签署了实施《标准框架》的意向书。2008 年，中国海关积极进行
AEO 制度的研究和实践，初步建立起中国海关的 AEO 制度。

第一，转化 AEO 制度为国内立法并实施。2008 年4月1日施行的《中
华人民共和国海关企业分类管理办法》（以下简称《分类办法》）和相关
配套公告（《企业经营状况报告》），将 AEO 制度关于守法、安全和海关
与商界的合作伙伴关系等实体要求及贸易便利措施、认证程序纳入其中，
具体转化了 AEO 制度为国内制度。《分类办法》将进出口收发货人和报
关企业分成 AA、A、B、C、D 五个类别，其中 AA 类企业的标准和条件与
WCO 的 AEO 相关要求一致，是中国海关的 AEO 企业。《分类办法》及配
套法规的施行，标志着中国海关 AEO 制度已进入正式实施阶段。

第二，组织了海关内部和对企业的宣传、培训，广泛介绍 AEO 制度和《分类办法》，提高 AEO 制度的认知度。在海关内部，总署先后举办了 AEO 专题培训班、《分类办法》培训班和验证稽查培训班，对全国海关稽查系统的业务骨干进行了培训，效果明显。在海关外部，采取由各关召开企业座谈会，利用报纸、电视、电台、网络等载体广泛宣传和介绍《分类办法》和 AEO 制度，使 AEO 制度深入人心。

第三，开展对 AEO 企业的验证稽查实践。从 2007 年 11 月起，中国海关就开始了验证稽查的试点工作，在《分类办法》实施之后，更是在全国范围内开展了对申请 AA 类企业的验证稽查工作，按照《标准框架》有关 AEO 制度的原则具体验证申请企业的贸易安全情况。为了规范 AA 类企业的验证稽查做法，2008 年 4 月 30 日，海关总署制定出台了《海关验证稽查暂行办法》，明确了对 AA 类企业的验证稽查的原则、程序、方法和内容等。2008 年 12 月，海关总署制定出台了《海关验证稽查作业标准》，进一步细化具体作业内容和标准等，目前该标准正在各海关验证稽查实践中参照使用。验证稽查工作的全方面推广，是具体实施 AEO 制度的最主要的表现。

第四，开展 AEO 国际交流与合作项目。积极参加国际海关有关《标准框架》的学习研讨，交流经验，切磋做法。与日本、韩国、新加坡等国进行了互相了解学习对方 AEO 制度的双边交流活动，同时开展中欧安全智能贸易航线计划项下的企业选取和中欧 AEO 互认合作研讨。"中欧安全智能贸易航线计划"（以下简称"安智贸"）是全球范围内第一个全面实施《标准框架》的国际合作项目，旨在通过建立安全便利的智能化国际贸易运输链，实现对物流的全程监控，在确保贸易链安全的基础上实现贸易便利。

AEO 高级认证的通关便利措施，为企业在实施贸易合规与守法经营中提供了强有力的保障，使企业享受到合规经营带来的经济收益。这样，AEO 企业不仅可在国内享受海关便捷通关措施，享受极低的通关查验率，在与我国互认的国家（地区）也可以享受到通关便利。海关对 AEO 企业的信用状况会进行实时动态监控和评估，并对企业的信用等级进行动态调整。这就要求 AEO 企业持续高度保持和加强自身的信用状况。一旦出现无法达到认证标准的要求，必然失去进出口通关便利。因此，企业在选择商业合作伙伴的时候，在同等条件下必然优先选择 AEO 企业。随着 AEO 认证进程的推进，非 AEO 企业在未来激烈的商业竞争中将失去基本准入条件，所以尽快成为 AEO 企业是优质企业的必然选择。

AEO 制度是世界海关组织《全球贸易安全与便利标准框架》中的一项重要制度，其目的是提升国际贸易供应链的安全与便利。近年来，中国海关积极推进 AEO 互认，不仅提高了企业的通关效率，也促进了中国社会信用体系的形成。经认证的经营者旨在通过构建海关与商界的合作伙伴关系，来实现全球供应链贸易安全与便利的目标。通过 AEO 认证（主要包括企业的内部控制、财务状况、守法规范、贸易安全）的企业，将被海关认为是诚信、守法、安全的企业，因此会获得最大程度的通关便利。企业通过 AEO 认证后可以享受很多好处，例如查验率低、通关更快速、保证金方面等都有优惠。如通过高级认证的话，企业得到的优惠会比一般认证多，特别是在国际上，可以增强企业的国际竞争力。

按现行的 AEO 制度，高级认证企业和一般认证企业都是中国海关的 AEO 企业，根据企业的等级不同享受不同的相关便利措施。AEO 一般认证企业可享受的便利措施包括：较低的进出口货物查验率；简化进出口货物单证审核；优先办理进出口货物通关手续；可办理销"集中申报"，先销后征税；海关总署规定的其他管理原则和措施。而 AEO 高级认证企业，除适用一般认证企业管理原则和措施外，还适用下列管理措施：在确定进出口货物的商品归类、海关估价、原产地或者办结其他海关手续前先行办理验放手续；海关为企业设立协调员；对从事加工贸易的企业，不实行银行保证金台账制度；AEO 互认国家或者地区海关提供的通关便利措施。具体而言，一是适用较低的单证审核率。在外贸结算中用来完成货物的运输、交付、结汇的各种单据、证书（单证），必须做到及时、准确、完整。企业不仅要做好这项工作，还要与物流部门、海关、银行等联系和协作。获得 AEO 互认的出口企业相对简化了通关手续，其单证审核的比例较低、速度更快，方便货物运输。二是进口货物查验率较低，提升通关效率。获得 AEO 互认的进口企业，在货物进口时被查验的概率低（据海关统计，获得海关 AEO 高级企业认证后，企业的进出口查验率平均降至 0.9% 以下，低于全国平均查验率 6%）、货物运输耗时短、通关速度快，提高物流效率，减少物流运作成本，提升企业的信誉与影响力。三是需查验的货物可享受优先查验。海关例行查验货物一般在 1~3 个工作日内完成，如果海关认为货物没有问题，就会放行。货物享受优先查验权利的 AEO 互认企业，可缩短其货物查验时间并且得到更快的放行，提高整体通关效率。四是指定海关联络员负责沟通联络。获得 AEO 互认的企业，拥有指定的海关联络员负责沟通联系，实时了解并获得货物的具体信息，包括货物被查验的原因、货物转运与货物清关时间等，提高处理货物的效率。五是由自然灾害、边境关闭、战乱、危险突发事件、重大事故等造成的国际贸易中断，在恢复贸易后享有优先通关。一些特殊原因可能造成国际贸易中断或货物暂时不能进关，在恢复贸易后，互认企业的货物拥有优先通关的权利，可给其带来减少清关时间与成本的优势，提高竞争力。

三、中国海关 AEO 互认的发展现状

2008 年，中国海关正式开始推进 AEO 互认合作。中国海关不断学习和总结发达国家（地区）海关 AEO 制度和经验，持续完善自身 AEO 制度，近年来积极推广经认证的经营者互认合作，取得了积极成果。截至目前，中国海关已与新加坡、韩国、欧盟、中国香港、瑞士、以色列、新西兰、澳大利亚、日本、哈萨克斯坦、蒙古、白俄罗斯、乌拉圭、阿联酋、巴西、塞尔维亚等国家和地区签署了 AEO 互认安排，其中包括 15 个"一带一路"沿线国家和 28 个欧洲国家（奥地利、比利时、保加利亚、塞浦路斯、克罗地亚、捷克、丹麦、爱沙尼亚、芬兰、法国、德国、希腊、匈牙利、爱尔兰、意大利、拉脱维亚、立陶宛、卢森堡、马耳他、荷兰、波兰、葡萄牙、罗马尼亚、斯洛伐克、斯洛文尼亚、西班牙、瑞典、英国）。目前，中国 AEO 互认国家和地区的数量最多，且中国对上述国家和地区的出口额已占到中国出口总额的近四成。此外，海关总署正在积极推进与伊朗等 10 余个"一带一路"沿线国家海关的 AEO 互认谈判及与俄罗斯签署《中俄海关

AEO 互认行动计划》。同时，中国海关还在重点推进与中国主要贸易伙伴和"一带一路"沿线海关之间的合作。

中国海关不断推进与完善 AEO 制度，对 AEO 制度进行数次修订完善，现行的 AEO 制度是 2018 年 5 月 1 日实施的《海关企业信用管理办法》（以下简称《信用办法》）。根据《信用办法》，中国海关已从最初单一的制度规定，发展形成了将国家信用体系建设要求与 WCO 的 AEO 制度有机结合，独具中国特色的海关信用管理制度体系。中国海关充分落实 AEO 便利措施，根据《信用办法》，高级认证 AEO 企业可享受免除担保、适用较低查验率、优先通关、专享企业协调员服务、出口提前申报等多项通关便利。以查验为例，AEO 高级认证企业 2018 年进出口平均查验率为 0.56%，分别比 AEO 一般认证企业和一般信用企业低 70.37% 和 81.21%；2019 年 1—9 月，进出口平均查验率为 0.62%，分别比 AEO 一般认证企业和一般信用企业低 65.4% 和 76.4%。

四、中国海关企业信用管理制度

为推进社会信用体系建设，建立企业进出口信用管理制度，促进贸易安全与便利，根据《中华人民共和国海关法》《中华人民共和国海关稽查条例》《企业信息公示暂行条例》以及其他有关法律、行政法规的规定，我国制定了《中华人民共和国海关企业信用管理办法》，自 2018 年 5 月 1 日起施行。海关注册登记和备案企业以及企业相关人员信用信息的采集、公示，企业信用状况的认定、管理等适用本办法。海关根据企业信用状况将企业认定为认证企业、一般信用企业和失信企业。认证企业分为高级认证企业和一般认证企业。海关按照诚信守法便利、失信违法惩戒原则，对上述企业分别适用相应的管理措施。中国海关依据有关国际条约、协定以及本办法，开展与其他国家或者地区海关的 AEO 互认合作，并且给予互认企业相关便利措施。根据国际合作的需要，推进信息互换、监管互认、执法互助（以下简称"三互"）的海关合作。

1. 企业信用信息采集和公示

海关可以采集能够反映企业信用状况的下列信息：

（1）企业注册登记或者备案信息以及企业相关人员基本信息。

（2）企业进出口以及与进出口相关的经营信息。

（3）企业行政许可信息。

（4）企业及其相关人员行政处罚和刑事处罚信息。

（5）海关与国家有关部门实施联合激励和联合惩戒信息。

（6）AEO 互认信息。

（7）其他能够反映企业信用状况的相关信息。

（8）企业产品检验检疫合格率、国外通报、退运、召回、索赔等情况。

（9）因虚假申报导致进口方原产地证书核查，骗取、伪造、变造、买卖或者盗窃出口货物原产地证书等情况。

海关注册登记或者备案的非企业性质的法人和非法人组织及其相关人员信用信息的采集、公示，信用状况的认定、管理等比照《信用办法》实施。

2. 实施企业信用管理

海关建立企业信用信息管理系统，对有关企业实施信用管理。企业应当于每年 1 月 1 日至 6 月 30 日通过企业信用信息管理系统向海关提交《企业信用信息年度报告》。当年注册登记或者备案的企业，自下一年度起向海关提交《企业信用信息年度报告》。

企业有下列情形之一的，海关将其列入信用信息异常企业名录：

（1）未按照规定向海关提交《企业信用信息年度报告》的。

（2）经过实地查看，在海关登记的住所或者经营场所无法查找，并且无法通过在海关登记的联系方式与企业取得联系的。

列入信用信息异常企业名录期间，企业信用等级不得向上调整。本条第一款规定的情形消除后，海关应当将有关企业移出信用信息异常企业名录。

海关应当在保护国家秘密、商业秘密和个人隐私的前提下，公示下列信用信息：

（1）企业在海关注册登记或者备案信息。

（2）海关对企业信用状况的认定结果。

（3）海关对企业的行政许可信息。

（4）海关对企业的行政处罚信息。

（5）海关与国家有关部门实施联合激励和联合惩戒信息。

（6）海关信用信息异常企业名录。

（7）其他依法应当公示的信息。

海关对企业行政处罚信息的公示期限为 5 年。海关应当公布上述信用信息的查询方式。自然人、法人或者非法人组织认为海关公示的信用信息不准确的，可以向海关提出异议，并且提供相关资料或者证明材料。海关应当自收到异议申请之日起 20 日内进行复核。自然人、法人或者非法人组织提出异议的理由成立的，海关应当采纳。

3. 企业信用状况的认定标准和程序

认证企业应当符合海关总署制定的《海关认证企业标准》。《海关认证企业标准》分为高级认证企业标准和一般认证企业标准。

企业有下列情形之一的，海关认定为失信企业：

（1）有走私犯罪或者走私行为的。

（2）非报关企业 1 年内违反海关监管规定行为次数超过上年度报关单、进出境备案清单、进出境运输工具舱单等相关单证总票数的千分之一且被海关行政处罚金额累计超过 100 万元的；报关企业 1 年内违反海关监管规定行为次数超过上年度报关单、进出境备案清单、进出境运输工具舱单等相关单证总票数万分之五且被海关行政处罚金额累计超过 30 万元的。

（3）拖欠应缴税款或者拖欠应缴罚没款项的。

（4）被海关列入信用信息异常企业名录超过 90 日的。

（5）假借海关或者其他企业名义获取不当利益的。

（6）向海关隐瞒真实情况或者提供虚假信息，影响企业信用管理的。

（7）抗拒、阻碍海关工作人员依法执行职务，情节严重的。

（8）因刑事犯罪被列入国家失信联合惩戒名单的。

（9）海关总署规定的其他情形。

企业有违反国境卫生检疫、进出境动植物检疫、进出口食品化妆品安全、进出口商品检验规定被追究刑事责任的。

当年注册登记或者备案的非报关企业、报关企业，1 年内因违反海关监管规定被海关行政处罚金额分别累计超过 100 万元、30 万元的，海关认定为失信企业。

企业有下列情形之一的，海关认定为一般信用企业：

（1）在海关首次注册登记或者备案的企业。

（2）认证企业不再符合《海关认证企业标准》，并且未发生本办法第 12 条规定情形的。

（3）自被海关认定为失信企业之日起连续 2 年未发生本办法第 12 条规定情形的。

企业申请成为认证企业，应当向海关提交适用认证企业管理申请书。海关按照《海关认证企业标准》对企业实施认证。海关应当自收到适用认证企业管理申请书之日起 90 日内对企业信用状况是否符合《海关认证企业标准》做出决定。特殊情形下，海关认证时限可以延长 30 日。通过认证的企业，海关制发认证企业证书；未通过认证的企业，海关制发不予适用认证企业管理决定书。认证企业证书、不予适用认证企业管理决定书应当送达申请人，并且自送达之日起生效。

企业主动撤回认证申请的，视为未通过认证。未通过认证的企业 1 年内不得再次向海关提出认证申请。

申请认证期间，企业涉嫌走私被立案侦查或者调查的，或涉嫌违反国境卫生检疫、进出境动植物检疫、进出口食品化妆品安全、进出口商品检验规定被刑事立案的，海关应当终止认证。企业涉嫌违反海关监管规定被立案调查的，海关可以终止认证。申请认证期间，企业被海关稽查、核查的，海关可以中止认证。中止时间超过 3 个月的，海关终止认证。

海关对高级认证企业每 3 年重新认证一次，对一般认证企业不定期重新认证。重新认证前，海关应当通知企业，并且参照企业认证程序进行重新认证。对未通过重新认证的，海关制发企业信用等级认定决定书，调整企业信用等级。企业信用等级认定决定书应当送达企业，并且自送达之日起生效。重新认证期间，企业申请放弃认证企业管理的，视为未通过认证。

认证企业被海关调整为一般信用企业管理的，1 年内不得申请成为认证企业。认证企业被海关调整为失信企业管理的，2 年内不得成为一般信用企业。高级认证企业被海关调整为一般认证企业管理的，1 年内不得申请成为高级认证企业。自被海关认定为失信企业之日起连续 2 年未发生本办法第十二条规定情形的，海关应当将失信企业调整为一般信用企业。失信企业被调整为一般信用企业满 1 年，可以向海关申请成为认证企业。

企业有分立、合并情形的，海关对企业信用状况的认定结果按照以下原则做出调整：

（1）企业发生存续分立，分立后的存续企业承继分立前企业的主要权利义务的，适用海关对分立前企业的信用状况认定结果，其余的分立企业视为首次注册登记或者备案企业。

（2）企业发生解散分立，分立企业视为首次注册登记或者备案企业。

（3）企业发生吸收合并，合并企业适用海关对合并后存续企业的信用状况认定结果。

（4）企业发生新设合并，合并企业视为首次注册登记或者备案企业。

海关或者企业可以委托社会中介机构就企业认证相关问题出具专业结论。

4. 管理措施

一般认证企业适用下列管理措施：

（1）进出口货物平均查验率在一般信用企业平均查验率的 50% 以下。

（2）优先办理进出口货物通关手续。

（3）海关收取的担保金额可以低于其可能承担的税款总额或者海关总署规定的金额。

（4）海关总署规定的其他管理措施。

其中，进出口货物平均检验检疫抽批比例在一般信用企业平均抽批比例的 50% 以下（法律、行政法规、规章或者海关有特殊要求的除外）；出口货物原产地调查平均抽查比例在一般信用企业平均抽查比例的 50% 以下；优先办理海关注册登记或者备案以及相关业务手续，除首次注册登记或者备案以及有特殊要求外，海关可以实行容缺受理或者采信企业自主声明，免于实地验核或者评审。

高级认证企业除适用一般认证企业管理措施外，还适用下列管理措施：

（1）进出口货物平均查验率在一般信用企业平均查验率的 20% 以下。

（2）可以向海关申请免除担保。

（3）减少对企业稽查、核查频次。

（4）可以在出口货物运抵海关监管区之前向海关申报。

（5）海关为企业设立协调员。

（6）AEO 互认国家或者地区海关通关便利措施。

（7）国家有关部门实施的守信联合激励措施。

（8）因不可抗力中断国际贸易恢复后优先通关。

（9）海关总署规定的其他管理措施。

其中，进出口货物平均检验检疫抽批比例在一般信用企业平均抽批比例的 20% 以下（法律、行政法规、规章或者海关有特殊要求的除外）；出口货物原产地调查平均抽查比例在一般信用企业平均抽查比例的 20% 以下；优先向其他国家（地区）推荐食品、化妆品等出口企业的注册。

高级认证企业适用的管理措施优于一般认证企业。

5. 失信企业适用的管理措施

（1）进出口货物平均查验率在 80% 以上。

（2）不予免除查验没有问题企业的吊装、移位、仓储等费用。

（3）不适用汇总征税制度。

（4）除特殊情形外，不适用存样留像放行措施。

（5）经营加工贸易业务的，全额提供担保。

（6）提高对企业稽查、核查频次。

（7）国家有关部门实施的失信联合惩戒措施。

（8）海关总署规定的其他管理措施。

其中，进出口货物平均检验检疫抽批比例在 80% 以上。

因企业信用状况认定结果不一致导致适用的管理措施相抵触的，海关按照就低原则实施管理。

认证企业涉嫌走私被立案侦查或者调查的，或者涉嫌违反国境卫生检疫、进出境动植物检疫、进出口食品化妆品安全、进出口商品检验规定被刑事立案的，海关应当暂停适用相应管理措施。认证企业涉嫌违反海关监管规定被立案调查的，海关可以暂停适用相应管理措施。海关暂停适用相应管理措施的，按照一般信用企业实施管理。

企业有本办法规定的向下调整信用等级情形的，海关停止适用相应管理措施，按照调整后的信用等级实施管理。

作为企业信用状况认定依据的走私犯罪，以司法机关相关法律文书生效时间为准进行认定。作为企业信用状况认定依据的走私行为、违反海关监管规定行为，以海关行政处罚决定书做出时间为准进行认定。

企业主动披露且被海关处以警告或者 50 万元以下罚款的行为，不作为海关认定企业信用状况的记录。

相关用语的含义如下：

"企业相关人员"，是指企业法定代表人、主要负责人、财务负责人、关务负责人等管理人员。

"处罚金额"，是指因发生违反海关监管规定的行为，被海关处以罚款、没收违法所得或者没收货物、物品价值的金额之和。

"拖欠应纳税款"，是指自缴纳税款期限届满之日起超过 3 个月仍未缴纳进出口货物、物品应当缴纳的进出口关税、进口环节海关代征税之和，包括经海关认定违反海关监管规定，除给予处罚外，尚需缴纳的税款。

"拖欠应缴罚没款项"，是指自海关行政处罚决定书规定的期限届满之日起超过 6 个月仍未缴纳海关罚款、没收的违法所得和追缴走私货物、物品等值价款。

五、新公布的《中华人民共和国海关注册登记和备案企业信用管理办法》

新公布的《中华人民共和国海关注册登记和备案企业信用管理办法》自 2021 年 11 月 1 日起实施。

为了建立海关注册登记和备案企业信用管理制度，推进社会信用体系建设，促进贸易安全与便利，根据《中华人民共和国海关法》《中华人民

共和国海关稽查条例》《企业信息公示暂行条例》《优化营商环境条例》
以及其他有关法律、行政法规的规定，制定本办法。

海关注册登记和备案企业（以下简称企业）以及企业相关人员信用信息的采集、公示，企业信用状况的认证、认定及管理等适用本办法。

海关按照诚信守法便利、失信违法惩戒、依法依规、公正公开原则，对企业实施信用管理。

海关根据企业申请，按照本办法规定的标准和程序将企业认证为高级认证企业的，对其实施便利的管理措施。海关根据采集的信用信息，按照本办法规定的标准和程序将违法违规企业认定为失信企业的，对其实施严格的管理措施。海关对高级认证企业和失信企业之外的其他企业实施常规的管理措施。

海关向企业提供信用培育服务，帮助企业强化诚信守法意识，提高诚信经营水平。

海关根据社会信用体系建设有关要求，与国家有关部门实施守信联合激励和失信联合惩戒，推进信息互换、监管互认、执法互助。

海关建立企业信用修复机制，依法对企业予以信用修复。

中国海关依据有关国际条约、协定以及本办法，开展与其他国家或者地区海关的经认证的经营者互认合作，并且给予互认企业相关便利措施。

海关建立企业信用管理系统，运用信息化手段提升海关企业信用管理水平。

（一）信用信息采集和公示

1. 信用信息采集

海关可以采集反映企业信用状况的下列信息：

（1）企业注册登记或者备案信息以及企业相关人员基本信息。

（2）企业进出口以及与进出口相关的经营信息。

（3）企业行政许可信息。

（4）企业及其相关人员行政处罚和刑事处罚信息。

（5）海关与国家有关部门实施联合激励和联合惩戒信息。

（6）AEO 互认信息。

（7）其他反映企业信用状况的相关信息。

2. 信用信息公示

海关应当及时公示下列信用信息，并公布查询方式：

（1）企业在海关注册登记或者备案信息。

（2）海关对企业信用状况的认证或者认定结果。

（3）海关对企业的行政许可信息。

（4）海关对企业的行政处罚信息。

（5）海关与国家有关部门实施联合激励和联合惩戒信息。

（6）其他依法应当公示的信息。

公示的信用信息涉及国家秘密、国家安全、社会公共利益、商业秘密或者个人隐私的，应当依照法律、行政法规的规定办理。

自然人、法人或者非法人组织认为海关公示的信用信息不准确的，可以向海关提出异议，并且提供相关资料或者证明材料。

海关应当自收到异议申请之日起 20 日内进行复核。自然人、法人或者非法人组织提出异议的理由成立的，海关应当采纳。

（二）高级认证企业的认证标准和程序

（1）高级认证企业的认证标准分为通用标准和单项标准。高级认证企业的通用标准包括内部控制、财务状况、守法规范以及贸易安全等内容。高级认证企业的单项标准是海关针对不同企业类型和经营范围制定的认证标准。

（2）高级认证企业应当同时符合通用标准和相应的单项标准。通用标准和单项标准由海关总署另行制定并公布。

（3）企业申请成为高级认证企业的，应当向海关提交书面申请，并按照海关要求提交相关资料。

（4）海关依据高级认证企业通用标准和相应的单项标准，对企业提交的申请和有关资料进行审查，并赴企业进行实地认证。

（5）海关应当自收到申请及相关资料之日起 90 日内进行认证并做出决定。特殊情形下，海关的认证时限可以延长 30 日。

（6）经认证，符合高级认证企业标准的企业，海关制发高级认证企业证书；不符合高级认证企业标准的企业，海关制发未通过认证决定书。高级认证企业证书、未通过认证决定书应当送达申请人，并且自送达之日起生效。

（7）海关对高级认证企业每 5 年复核一次。企业信用状况发生异常情况的，海关可以不定期开展复核。经复核，不再符合高级认证企业标准的，海关应当制发未通过复核决定书，并收回高级认证企业证书。

（8）海关可以委托社会中介机构就高级认证企业认证、复核相关问题出具专业结论。企业委托社会中介机构就高级认证企业认证、复核相关问题出具的专业结论，可以作为海关认证、复核的参考依据。

（9）企业有下列情形之一的，1 年内不得提出高级认证企业认证申请：

①未通过高级认证企业认证或者复核的。

②放弃高级认证企业管理的。

③撤回高级认证企业认证申请的。

④高级认证企业被海关下调信用等级的。

⑤失信企业被海关上调信用等级的。

（三）失信企业的认定标准、程序和信用修复

（1）企业有下列情形之一的，海关认定为失信企业：

①被海关侦查走私犯罪公安机构立案侦查并由司法机关依法追究刑事责任的。

②构成走私行为被海关行政处罚的。

③非报关企业 1 年内违反海关的监管规定被海关行政处罚的次数超过上年度报关单、进出境备案清单、进出境运输工具舱单等单证（以下简称"相关单证"）总票数的千分之一且被海关行政处罚金额累计超过 100 万元的；报关企业 1 年内违反海关的监管规定被海关行政处罚的次数超过上年度相关单证总票数的万分之五且被海关行政处罚金额累计超过 30 万元的；上年度相关单证票数无法计算的，1 年内因违反海关的监管规定被海关行政处罚，非报关企业处罚金额累计超过 100 万元、报关企业处罚金额累计超过 30 万元的。

④自缴纳期限届满之日起超过 3 个月仍未缴纳税款的。

⑤自缴纳期限届满之日起超过 6 个月仍未缴纳罚款、没收的违法所得和追缴的走私货物、物品等值价款，并且超过 1 万元的。

⑥抗拒、阻碍海关工作人员依法执行职务，被依法处罚的。

⑦向海关工作人员行贿，被处以罚款或者被依法追究刑事责任的。

⑧法律、行政法规、海关规章规定的其他情形。

（2）失信企业存在下列情形的，海关依照法律、行政法规等有关规定实施联合惩戒，将其列入严重失信主体名单：

①违反进出口食品安全管理规定、进出口化妆品监督管理规定或者走私固体废物被依法追究刑事责任的。

②非法进口固体废物被海关行政处罚金额超过 250 万元的。

（3）海关在做出认定失信企业决定前，应当书面告知企业拟做出决定的事由、依据和依法享有的陈述、申辩权利。海关拟依照本办法第 23 条规定将企业列入严重失信主体名单的，还应当告知企业列入的惩戒措施提示、移出条件、移出程序及救济措施。

（4）企业对海关拟认定失信企业决定或者列入严重失信主体名单决定提出陈述、申辩的，应当在收到书面告知之日起 5 个工作日内向海关书面提出。海关应当在 20 日内进行核实，企业提出的理由成立的，海关应当采纳。

（5）未被列入严重失信主体名单的失信企业纠正失信行为，消除不良影响，并且符合下列条件的，可以向海关书面申请信用修复并提交相关证明材料：

①因存在本办法第 22 条第 2 项、第 6 项情形被认定为失信企业满 1 年的。

②因存在本办法第 22 条第 3 项情形被认定为失信企业满 6 个月的。

③因存在本办法第 22 条第 4 项、第 5 项情形被认定为失信企业满 3 个月的。

（6）经审核符合信用修复条件的，海关应当自收到企业信用修复申请之日起 20 日内做出准予信用修复决定。

（7）失信企业连续 2 年未发生本办法第 22 条规定情形的，海关应当对失信企业做出信用修复决定。前款所规定的失信企业已被列入严重失信主体名单的，应当将其移出严重失信主体名单并通报相关部门。

（8）法律、行政法规和党中央、国务院政策文件明确规定不可修复的，海关不予信用修复。

（四）管理措施

（1）高级认证企业是中国海关 AEO 企业，适用下列管理措施：

①进出口货物平均查验率低于实施常规管理措施企业平均查验率的20%，法律、行政法规或者海关总署有特殊规定的除外。

②出口货物原产地调查平均抽查比例在企业平均抽查比例的20%以下，法律、行政法规或者海关总署有特殊规定的除外。

③优先办理进出口货物通关手续及相关业务手续。

④优先向其他国家（地区）推荐农产品、食品等出口企业的注册。

⑤可以向海关申请免除担保。

⑥减少对企业稽查、核查频次。

⑦可以在出口货物运抵海关监管区之前向海关申报。

⑧海关为企业设立协调员。

⑨ AEO 互认国家或者地区海关通关便利措施。

⑩国家有关部门实施的守信联合激励措施。

⑪因不可抗力中断国际贸易恢复后优先通关。

⑫海关总署规定的其他管理措施。

（2）失信企业适用下列管理措施：

①进出口货物查验率80%以上。

②经营加工贸易业务的，全额提供担保。

③提高对企业稽查、核查频次。

④海关总署规定的其他管理措施。

（3）办理同一海关业务涉及的企业信用等级不一致，导致适用的管理措施相抵触的，海关按照较低信用等级企业适用的管理措施实施管理。

（4）高级认证企业、失信企业有分立合并情形的，海关按照以下原则对企业信用状况进行确定并适用相应管理措施：

①企业发生分立，存续的企业承继原企业主要权利义务的，存续的企业适用原企业信用状况的认证或者认定结果，其余新设的企业不适用原企

业信用状况的认证或者认定结果。

②企业发生分立，原企业解散的，新设企业不适用原企业信用状况的认证或者认定结果。

③企业发生吸收合并的，存续企业适用原企业信用状况的认证或者认定结果。

④企业发生新设合并的，新设企业不再适用原企业信用状况的认证或者认定结果。

（5）高级认证企业涉嫌违反与海关管理职能相关的法律法规被刑事立案的，海关应当暂停适用高级认证企业管理措施。高级认证企业涉嫌违反海关的监管规定被立案调查的，海关可以暂停适用高级认证企业管理措施。

（6）高级认证企业存在财务风险，或者有明显的转移、藏匿其应税货物以及其他财产迹象的，或者存在其他无法足额保障税款缴纳风险的，海关可以暂停适用本办法第三十条第五项规定的管理措施。

（五）附则

（1）海关注册的进口食品境外生产企业和进境动植物产品国外生产、加工、存放单位等境外企业的信用管理，由海关总署另行规定。

（2）作为企业信用状况认定依据的刑事犯罪，以司法机关相关法律文书生效时间为准进行认定。作为企业信用状况认定依据的海关行政处罚，以海关行政处罚决定书做出时间为准进行认定。作为企业信用状况认定依据的处罚金额，包括被海关处以罚款、没收违法所得或者没收货物、物品价值的金额之和。企业主动披露且被海关处以警告或者海关总署规定数额以下罚款的行为，不作为海关认定企业信用状况的记录。

（3）本办法下列用语的含义：企业相关人员，是指企业法定代表人、主要负责人、财务负责人、关务负责人等管理人员。经认证的经营者，是指以任何一种方式参与货物国际流通，符合海关总署规定标准的企业。

（4）本办法由海关总署负责解释。

（5）本办法自 2021 年 11 月 1 日起施行。2018 年 3 月 3 日海关总署令第 237 号公布的《中华人民共和国海关企业信用管理办法》同时废止。

第二节　海关高级认证企业标准

自 2018 年 5 月 1 日起，《海关认证企业标准》作为《信用办法》配套执行文件继续有效。海关按照《信用办法》和《海关认证企业标准》对企业实施认证。

一、关于认证企业标准的相关规定

2018 年 4 月 30 日之前，按照《中华人民共和国海关企业信用管理暂行办法》规定认定的失信企业，在适用失信企业管理满 1 年且未再发生《信用办法》第十二条规定情形的，海关将其调整为一般信用企业。

企业因进口禁止进境的固体废物违反海关监管规定，被海关行政处罚的，1 年内不得申请适用海关认证企业管理；已经适用认证企业管理的，海关应当向下调整企业信用等级。

在海关备案的报关企业分支机构，其信用等级应当与所属报关企业信用等级保持一致，报关企业应当对其分支机构行为承担相应的信用管理责任。

非当年注册登记或者备案的非报关企业、报关企业，上一年度无进出口业务，1 年内因违反海关监管规定被海关行政处罚金额分别累计超过 100 万元、30 万元的，海关比照《信用办法》第十二条第二款规定，将企业认定为失信企业。

海关发现高级认证企业有涉嫌违法情事或者存在管理风险，可能影响企业信用管理的，可以参照《信用办法》第十八条第二款规定，对高级认证企业实施重新认证。

海关通过"互联网 + 海关"，按照企业信用信息公示表内容，向社会公示在海关注册登记或者备案企业的信用信息。自然人、法人或者非法人组织可通过"企业信用状况"栏目查询相关企业信用状况。也可通过"中国海关企业进出口信用信息公示平台"查询。

自然人、法人或者非法人组织对海关公示的企业信用信息提出异议的，应当提供书面说明或者证明材料。异议人为自然人的，提交材料应当由本人签名，海关验核异议人身份证件原件；异议人为法人、非法人组织的，提交材料应当加盖本单位印章。

认证企业发生信用等级调整的，应当将原认证企业证书交回海关。无法交回的，由海关公示作废。企业遗失认证企业证书的，可以向原发证海关申请补发，遗失证书由海关公示作废。

《信用办法》和《海关认证企业标准》中的"1 年内"，根据企业信用等级调整情形，按照以下方式进行计算：企业信用等级向上调整为认证企业的，自海关接受企业申请之日起倒推 12 个月计算；企业信用等级向下调整的，以最近一次海关行政处罚决定做出之日起倒推 12 个月计算。

二、企业信用信息与公示

1. 企业在海关注册登记信息

企业中文名称、法定代表人（负责人）、工商注册地址、海关注册编码、统一社会信用代码、海关首次注册日期、注册海关、行政区划、经济区划、经济类型、经营类别、行业种类、年报情况、海关注销标志、报关有效期。

2. 海关对企业信用等级的认定结果

企业信用等级、认定时间、认证企业证书作废情况。

3. 海关对企业的行政许可信息

企业名称、海关注册编码、统一社会信用代码、行政许可决定书名称、行政许可决定书文号、许可证书名称、许可编号、许可内容、许可决定日期、有效期（自 xxxx 年 xx 月 xx 日至 xxxx 年 xx 月 xx 日）、许可机关。

4. 海关对企业的行政处罚信息

企业名称、海关注册编码、统一社会信用代码、案件性质、行政处罚决定书文号、处罚类别、处罚内容、行政处罚决定做出日期、处罚机关。

5. 海关与国家有关部门实施联合激励和联合惩戒信息

（1）海关高级认证企业名录。企业中文名称、海关注册编码、统一社会信用代码、注册海关、认定日期。

（2）海关失信企业名录。企业中文名称、海关注册编码、统一社会信用代码、注册海关、认定日期。

（3）国家有关部门联合惩戒企业名录（海关实施的联合惩戒）。企业中文名称、海关注册编码、统一社会信用代码、注册海关、联合惩戒有效期（自 xxxx 年 xx 月 xx 日至 xxxx 年 xx 月 xx 日）。

（4）国家有关部门联合激励企业名录（海关实施的联合激励）。企业中文名称、海关注册编码、统一社会信用代码、注册海关、列入日期。

6. 海关信用信息异常企业名录

企业中文名称、海关注册编码、统一社会信用代码、注册海关、列入日期。

三、财务状况类指标的认定标准

《海关认证企业标准》中财务状况类指标的认定标准如下：

1. 会计信息认定标准

企业申请认证的，应当提交当年度会计师事务所出具的审计报告；企业重新认证的，应当提交自成为认证企业或者最近一次重新认证后每一年度会计师事务所出具的审计报告。海关按照下列情形对"会计信息"标准是否达标进行认定：

（1）提交无保留意见审计报告的，该项标准为标。

（2）提交带保留意见审计报告的，该项标准为基本达标。

（3）提交否定意见或者无法表示意见的审计报告，或者不能提交审计报告的，该项标准为不达标。

2. 综合财务状况认定标准

海关按照下列情形对"综合财务状况"标准是否达标进行认定：

（1）"资产负债率"为达标、"综合分值"为达标的，该项标准为达标。

（2）"资产负债率"为达标、"综合分值"为基本达标的，该项标准为基本达标。

（3）"资产负债率"和"综合分值"任意一项为不达标的，该项标准为不达标。

企业重新认证的，自成为认证企业或者最近一次重新认证后，每一年度"综合财务状况"标准应当为达标或者基本达标。

3."资产负债率"和"综合分值"认定标准

（1）资产负债率≤95%，为达标；资产负债率＞95%，为不达标。

（2）综合分值≥0，为达标；-1≤综合分值＜0，为基本达标；综合分值＜-1，为不达标。

综合分值＝营业利润率分值×0.21+净资产收益率分值×0.21+速动比率分值×0.161+现金流动负债比率分值×0.161+资产负债率分值×0.258。

4.指标计算公式

（1）营业利润率＝营业利润÷营业收入净额×100%

（2）净资产收益率＝净利润÷平均净资产×100%，平均净资产＝（年初所有者权益+年末所有者权益）÷2。

（3）速动比率＝速动资产÷流动负债×100%，速动资产＝（流动资产-存货）。

（4）现金流动负债比率＝经营性现金净流量÷流动负债×100%。

（5）资产负债率＝负债总额÷资产总额×100%。

营业利润、营业收入净额、净利润、经营性现金净流量为本期金额；流动资产、存货、流动负债、负债总额、资产总额为期末值。

5.指标分值

（1）高级认证企业：营业利润率、净资产收益率、速动比率、现金流动负债比率大于等于优秀值的为2分，大于等于良好值小于优秀值的为1分，大于等于平均值小于良好值的为0分，大于等于较差值小于平均值的为-1分，小于较差值的为-2分。

资产负债率小于等于优秀值的为2分，小于等于良好值大于优秀值的为1分，小于等于平均值大于良好值的为0分，小于等于较差值大于平均

值的为 –1 分，大于较差值的为 –2 分。

（2）一般认证企业：营业利润率、净资产收益率、速动比率、现金流动负债比率大于等于良好值的为 2 分，大于等于平均值小于良好值的为 1 分，大于等于较低值小于平均值的为 0 分，大于等于较差值小于较低值的为 –1 分，小于较差值的为 –2 分。

资产负债率小于等于良好值的为 2 分，小于等于平均值大于良好值的为 1 分，小于等于较低值大于平均值的为 0 分，小于等于较差值大于较低值的为 –1 分，大于较差值的为 –2 分。

上述财务指标的优秀值、良好值、平均值、较低值、较差值详见附件《各行业财务指标评价标准值》。

四、跨境电子商务平台企业、进出境快件运营人单项标准

与《中华人民共和国海关企业信用管理办法》配套执行的《海关认证企业标准》（跨境电子商务平台企业、进出境快件运营人单项标准）的相关实施事项说明如下：

（1）跨境电子商务平台企业申请适用海关认证企业管理的，应当同时符合《海关认证企业标准》中的通用标准、进出口货物收发货人和跨境电子商务平台企业单项标准。

（2）进出境快件运营人申请适用海关认证企业管理的，应当同时符合《海关认证企业标准》中的通用标准、报关企业和进出境快件运营人单项标准。

（3）已经适用海关认证企业管理的跨境电子商务平台企业和进出境快件运营人，请按照本公告第一、二条的规定，对照应适用的通用标准和单项标准，进行自我评估和规范改进。

自 2020 年 9 月 1 日起，海关将按照该标准的第一、二条的规定，对上述海关认证企业开展重新认证。

五、中国海关 AEO 认证企业——对象、标准

(一)高级认证——进出境快件运营人

高级认证——进出境快件运营人的认证标准见表 3-1。

表 3-1　高级认证——进出境快件运营人的认证标准

一、内部控制标准		
(一) 进出口业务控制	1. 单证控制	设置专门部门或岗位人员,在申报前对委托人提供的进出口随附单据、有关证明文件、收发件人信息等资料的真实性、规范性和完整性进行审查
	2. 单证保管	按照完整性、准确性与安全性等海关要求,保存快件报关单证、随附单据、有关证明文件等
(二) 信息系统控制	3. 信息系统	(1)具备全程实时快件物流信息跟踪功能,实现对揽收快件物流状态的实时查询
		(2)具备风险控制功能,对客户和快件进行风险识别、分析、筛查、处置并实施分级管理
		(3)具备快件仓储管理功能,能够对快件在海关监管作业场所内的物流状态实施跟踪、查询、控制等
		(4)具备与海关即时对接的条件。向海关开放相关系统查询使用权限,满足海关管理需求
	4. 数据管理	信息系统的数据及时、准确、完整、规范,全程物流信息、风险管理信息等系统数据,自办结海关手续之日起保存 3 年以上
(三) 商业伙伴安全控制措施	5. 商业伙伴安全	建立境内和境外合作者的风险分级管理制度,结合海关监管情况及企业内部掌握情况对合作者进行动态评估,要求合作者按照海关认证标准优化和完善贸易安全管理
二、贸易安全标准		
(四) 货物安全控制措施	6. 货物、物品安全	(1)建立符合法律法规要求的揽收快件验视、复核制度并有效落实,对限制类快件应当要求客户提供有关证明文件,对不符合法律法规要求的快件不得揽收承运
		(2)要求境外合作者建立符合法律法规要求的快件揽收验视、复核制度,并检查评估其执行落实情况,每年度不少于 1 次
		(3)建立快件装卸、分拣、存储、运输全程(关境内)监控制度并有效落实。应海关要求提供相关信息
		(4)建立对有违法嫌疑或高风险快件处置制度,发现上述情况及时采取处置措施并向海关报告

（二）一般认证——进出境快件运营人

一般认证——进出境快件运营人的认证标准见表3-2。

表3-2　一般认证——进出境快件运营人的认证标准

一、内部控制标准		
（一） 进出口业务控制	1. 单证控制	设置专门部门或岗位人员，在申报前对委托人提供的进出口随附单据、有关证明文件、收发件人信息等资料的真实性、规范性和完整性进行审查
	2. 单证保管	按照完整性、准确性与安全性等海关要求，保存快件报关单证、随附单据、有关证明文件等
（二） 信息系统控制	3. 信息系统	（1）具备全程实时快件物流信息跟踪功能，实现对揽收快件物流状态的实时查询
		（2）具备风险控制功能，对客户和快件进行风险识别、处置
		（3）具备与海关即时对接的条件。向海关开放相关系统查询使用权限，满足海关管理需求
	4. 数据管理	信息系统的数据及时、准确、完整、规范，全程物流信息、风险管理信息等系统数据，自办结海关手续之日起保存3年以上
二、贸易安全标准		
（三） 商业伙伴安全控制措施	5. 商业伙伴安全	对境内和境外合作者在合同、协议或者其他书面资料中要求按照海关认证标准优化和完善贸易安全管理
（四） 货物安全控制措施	6. 货物、物品安全	（1）建立符合法律法规要求的揽收快件验视、复核制度并有效落实，对限制类快件应当要求客户提供有关证明文件，对不符合法律法规要求的快件不得揽收承运
		（2）建立快件装卸、分拣、存储、运输全程（关境内）监控制度并有效落实。应海关要求提供相关信息
		（3）建立对有违法嫌疑或高风险快件处置制度，发现上述情况及时采取处置措施并向海关报告

六、《海关高级认证企业标准》说明

现将《中华人民共和国海关注册登记和备案企业信用管理办法》（海关总署令第 251 号）配套执行的《高级认证企业标准》（含通用标准和进出口货物收发货人、报关企业、外贸综合服务企业、跨境电子商务平台企业、进出境快件运营人、水运物流运输企业、公路物流运输企业、航空物流运输企业单项标准）予以发布，自 2021 年 11 月 1 日起施行。海关总署公告 2018 年第 177 号、2019 年第 46 号、2019 年第 229 号、2020 年第 137 号同时废止。

新公布的《中华人民共和国海关注册登记和备案企业信用管理办法》与旧的对照比较，在规定方面做了一些调整，更加趋于合理、完善。因此，新的海关认证企业标准也会做出一些调整与变化。

（一）关于认证标准的分类

海关高级认证企业标准包括通用标准和针对不同企业类型和经营范围制定的单项标准，具体包括内部控制、财务状况、守法规范、贸易安全和附加标准 5 大类标准。

（二）关于认证标准的赋分规则

1. 基础标准赋分规则

赋分选项分为两种：一是"达标""不达标"，对应分值为"0""–2"；二是"达标""基本达标""不达标"，对应分值为"0""–1""–2"。

达标：企业实际情况符合该项标准。该项标准中有分项标准 [用（1）（2）（3）等表示] 的，也应当符合每个分项标准。

基本达标：企业实际情况基本符合该项标准。该项标准中有分项标准 [用（1）（2）（3）等表示] 的，也应当符合或者基本符合每个分项标准。

不达标：企业实际情况不符合该项标准。该项标准的分项标准 [用（1）（2）（3）等表示] 中如有不达标情形的，该项标准即为不达标。

不适用：相关标准不适用于该类型和经营范围企业的，海关不再对该项标准进行认证。

2. 附加标准赋分规则

设定"符合"和"不适用"选项，对应分值为"2"和"0"。附加标准分值最高为"2"，不重复记分。

（三）关于认证标准的通过条件

企业同时符合下列三个条件并经海关认定的，通过认证：

（1）所有赋分标准项均没有不达标（－2分）情形。

（2）内部控制、贸易安全两类标准中没有单一标准项（用1、2、3表示）基本达标（－1分）超过3项的情形。

（3）认证标准总分在95分（含本数）以上。

认证标准总分=100+（所有赋分项目得分总和）。

（四）关于时间计算

"1年内"，指连续的12个月。

企业信用等级向上调整为高级认证企业的，自海关接受企业申请之日起倒推计算。

企业信用等级向下调整的，以最近一次海关行政处罚决定做出之日起倒推计算；其中，已成为高级认证企业的，海关最近一次接受企业申请之日倒推12个月前的行政处罚决定不参与计算。

七、海关高级认证企业标准（通用标准）

海关高级认证企业标准
（通用标准）

认证标准			达标情况			
一、内部控制标准			达标 0	基本达标 -1	不达标 -2	不适用 -
（一）组织机构控制	1.海关业务培训	（1）建立并执行海关法律法规等相关规定的内部培训制度				

认证标准			达标情况			
一、内部控制标准			达标 0	基本达标 -1	不达标 -2	不适用 -
（一）组织机构控制	1. 海关业务培训	（2）法定代表人（负责人）、负责关务的高级管理人员、关务负责人、负责贸易安全的高级管理人员应当每年参加 2 次以上海关法律法规等相关规定的内部培训，及时了解、掌握相关管理规定				
	2. 内部组织架构	（1）进出口业务、财务、贸易安全、内部审计等部门（岗位）职责分工明确				
		（2）指定高级管理人员负责关务				
（二）进出口业务控制	3. 单证控制	建立并执行进出口单证复核或者纠错制度				
	4. 单证保管	（1）建立符合海关要求的进出口单证管理制度，确保归档信息的及时性、完整性、准确性与安全性				
		（2）建立符合海关要求的特殊物品安全管理制度并按照规定留存特殊物品生产、使用、销售记录				
		（3）妥善管理报关专用印章、海关核发的证书、法律文书等单证				
		（4）建立企业认证的书面或者电子资料的专门档案				
	5. 进出口活动	建立并执行进出口活动的流程管理制度				
	6. 准入控制	建立安全准入控制制度，对进出口货物是否存在安全准入要求、是否符合安全准入要求进行前置审核，保证货物、产地、生产企业、收发货人等符合中国安全准入要求				
（三）内部审计控制	7. 内审制度	（1）建立并执行对进出口活动的内部审计制度				
		（2）每年实施 1 次以上的内部审计并建立书面或者电子资料的档案				

续　表

认证标准			达标情况			
一、内部控制标准			达标 0	基本达标 -1	不达标 -2	不适用 -
（三）内部审计控制	7. 内审制度	（3）已成为高级认证企业的，应当每年对持续符合高级认证企业标准实施内部审计				
	8. 改进机制	（1）建立并执行对进出口活动中已发现问题的改进机制和违法行为的责任追究机制				
		（2）对海关要求的改正或者规范改进等事项，应当由法定代表人（负责人）或者负责关务的高级管理人员组织实施				
（四）信息系统控制	9. 信息系统	具有管理企业生产经营活动的信息化系统				
	10. 数据管理	建立信息系统的数据管理制度，数据存储 3 年以上				
	11. 信息安全	（1）建立并执行信息安全管理制度				
		（2）对员工进行信息安全相关的培训				
		（3）对违反信息安全管理制度造成损害的行为应当予以责任追究				
二、财务状况标准			达标 0		不达标 -2	不适用 -
（五）财务状况	12. 会计信息	企业申请高级认证的，应当提交会计师事务所出具的无保留意见审计报告；高级认证企业复核的，企业应当提交最近一次认证或者复核后每一年度会计师事务所出具的无保留意见审计报告				
	13. 资产负债率	无连续 3 年资产负债率超过 95% 情形（资产负债率 = 负债总额 ÷ 资产总额 ×100%，负债总额、资产总额以审计报告后附的财务报表数据的期末值为准）				
（六）遵守法律法规	14. 人员守法	企业相关人员 2 年内未因故意犯罪受过刑事处罚				

续 表

认证标准			达标情况		
三、守法规范标准			达标0	不达标 -2	不适用 -
（六）遵守法律法规	15.企业守法	（1）1年内被海关列入信用信息异常企业名录次数不超过1次，且不超过30日			
		（2）1年内无因进口禁止进境的固体废物违反海关监管规定被海关行政处罚的情形			
		（3）2年内无成为失信企业的情形			
		（4）2年内未因犯罪受过刑事处罚			
（七）进出口业务规范	16.注册信息	在海关的注册登记或者备案信息与实际相符			
	17.进出口记录	2年内有进出口活动或者为进出口活动提供相关服务			
	18.申报规范	见单项标准			
	19.传输规范	见单项标准			
	20.税款缴纳	（1）认证期间，没有超过法定缴款期限尚未缴纳罚没款项的情形			
		（2）上年度以及本年度1月至上月没有超过法定缴款期限缴纳税款的情形			
（八）海关管理要求	21.管理要求	（1）2年内无海关责令期限改正，但逾期不改正的情形			
		（2）2年内无向海关提供虚假情况或者隐瞒事实的情形			
		（3）2年内无由海关要求承担技术处理、退运、销毁等义务，但逾期不履行的情形			
		（4）2年内无明知其产品存在风险未主动向海关报告相关信息，或者存在瞒报、漏报的情形			
		（5）2年内无拒绝、拖延向海关提供账簿、单证或海关归类、价格、原产地、减免税核查所需资料等有关材料的情形			
		（6）2年内无转移、隐匿、篡改、毁弃报关单证、进出口单证、合同、与进出口业务直接有关的其他资料的情形			

认证标准			达标情况		
三、守法规范标准			达标 0	不达标 −2	不适用 −
（八）海关管理要求	21. 管理要求	（7）2 年内无拒不配合海关执法的情形			
		（8）2 年内无未按海关要求办理保金保函的延期、退转手续的情形			
		（9）2 年内无向海关人员行贿的行为			
		（10）2 年内无未按规定向海关报告减免税货物使用状况的情形			
		（11）2 年内未发生因产品安全、卫生、环保、品质、检疫问题或者欺诈行为被国（境）外官方通报或客户退货、索赔造成不良影响，经查实确属企业责任的			
		（12）上年度商品安全、卫生、健康、环境保护、反欺诈、品质及数重量鉴定等项目指标被海关查验不合格率不超过同年度同类商品不合格率			
		（13）2 年内出口动植物及其产品检验检疫、风险监控检测合格率 99% 以上			
		（14）2 年内进口商未列入海关总署进口食品不良记录名单			
（九）外部信用	22. 外部信用	企业和企业相关人员 2 年内均未被列入国家失信联合惩戒名单			
四、贸易安全标准			达标 0	基本达标 −1	不达标 −2 ／ 不适用 −
（十）场所安全控制措施	23. 场所安全	（1）建立并执行企业经营场所安全的管理制度			
		（2）企业经营场所应当具有相应设施防止未载明货物和未经许可人员进入			

续 表

认证标准			达标情况			
四、贸易安全标准			达标 0	基本达标 -1	不达标 -2	不适用 -
（十一）进入安全控制措施	24.进入安全	（1）建立并执行人员和车辆出入管理制度				
		（2）对企业员工进行身份识别和出入权限控制，限制未经授权员工进入敏感区域，对员工身份标识的发放和回收进行统一管理。员工的车辆进入企业应当停放在指定区域				
		（3）实行访客登记管理，登记时必须检查带有照片的身份证件。访客进入企业应当佩戴临时身份标识，进入企业重点敏感区域应当有企业内部人员陪同。访客的车辆进入企业应当登记并停放在指定区域				
		（4）对未经许可进入、身份不明的人员能够识别并加以处置				
（十二）人员安全控制措施	25.人员安全	（1）建立并执行员工入职、离职停职等管理制度				
		（2）实行员工档案管理，具有动态的员工清单				
		（3）聘用员工前，核实应聘人员的身份、就业经历等信息，对拟聘用人员进行违法记录调查				
		（4）对离职停职员工及时收回工作证件、设备，并禁止其进入企业经营场所及使用企业信息系统				
（十三）商业伙伴安全控制措施	26.商业伙伴安全	建立并执行评估、检查商业伙伴供应链安全的管理制度				
（十四）货物安全控制措施	27.货物、物品安全	建立并执行保证进出口货物、进出境物品在运输、装卸和存储过程中的完整性、安全性的管理制度				
（十五）集装箱安全控制措施	28.集装箱安全	建立并执行保证集装箱完整性、安全性的管理制度				

续 表

认证标准			达标情况			
四、贸易安全标准			达标 0	基本达标 -1	不达标 -2	不适用 -
（十六）运输工具安全控制措施	29.运输工具安全	建立并执行保证运输工具的完整性、安全性的管理制度				
（十七）危机管理控制措施	30.危机管理	发生的灾害或者紧急情况涉及海关业务的，应当及时向海关报告				
	31.安全培训	（1）建立并执行贸易安全的内部培训机制				
		（2）定期对员工进行与国际贸易供应链中货物流动相关风险的教育和培训，让员工了解、掌握海关高级认证企业在保证货物安全过程中应做的工作				
		（3）定期对员工进行危机管理的培训和危机处理模拟演练，让员工了解、掌握在应急处置和异常报告过程中应做的工作				
五、附加标准			符合 2		不适用 -	
（十八）加分标准	32.加分项目	有下列情形之一的，经海关确认后可以加分： （1）属于中国外贸出口先导指数样本企业的，1年内填报问卷及时率在90%以上、问卷答案与出口增速的吻合度在0.3以上的； （2）属于进口货物使用去向调查样本企业、其他统计专项调查样本企业的，1年内填报问卷及时率和复核准确率在90%以上				

八、海关高级认证标准（进出口货物收发货人）

海关高级认证企业标准
（进出口货物收发货人）

认证标准			达标情况			
一、内部控制标准			达标 0	基本达标 -1	不达标 -2	不适用 -
（一）进出口业务控制	1. 单证控制	（1）在申报前或者委托申报前有专门部门或者岗位人员对进出口单证中的价格、归类、原产地、数量、品名、规格、境外收发货人、包装种类、货物存放地点、运输路线、储存条件、拆检注意事项、标签标志等内容的真实性、准确性、规范性和完整性进行内部复核				
		（2）企业实施许可证管理或者输华官方证书管理的，根据实际进出口情况，对国外品质证书、质量保证书、装运前检验证书、原产地证书、卫生检疫单证、输华食品官方证书、动植物检疫官方证书、动植物检疫许可证、农业转基因生物安全证书等单证的真实性、有效性、完整性、一致性进行内部复核				
		（3）企业从事加工贸易以及保税进出口业务的，有专门部门或者岗位人员对记录与加工贸易货物有关的进口、存储、转让、转移、销售、加工、使用、损耗和出口等情况的账簿、报表以及其他有关单证的准确性、一致性进行内部复核				
	2. 单证保管	（1）按照及时性、完整性、准确性与安全性等海关要求保管进出口报关单证以及相关资料				
		（2）企业从事加工贸易、保税进出口的，应当保管与保税货物有关的进口、存储、转让、转移、销售、加工、使用、损耗和出口等情况的单证资料				
		（3）企业涉及出入境特殊物品的，应当建立特殊物品生产、使用、销售记录，并确保记录的真实性				
		（4）企业进出境动植物及其产品需要检疫监管的，应当对口岸查验、装卸、调离、运输、隔离、生产、加工、存放、流向、检疫处理等环节建立台账，确保台账的完整性和准确性				
		（5）企业进出口商品需要检验监管的，应当对日常检验监管情况、生产经营情况、不合格货物的处置、销毁、退运、召回等情况建立台账，并确保台账的完整性和准确性				

续　表

认证标准			达标情况			
一、内部控制标准			达标 0	基本达标 -1	不达标 -2	不适用 -
（一）进出口业务控制	2.单证保管	（6）企业进出口食品的，应当设有专门场所、特定部门和专人对进口和销售记录进行保管				
	3.进出口活动	进出口业务管理流程设置合理、完备，涉及的货物流、单证流、信息流能够得到有效控制				
（二）信息系统控制	4.信息系统	建立真实、准确、完整并有效控制企业生产经营、进出口活动、财务数据等的信息系统，在客户管理、合同管理、财务管理、关务管理、物流管理等方面具备可记录、可追溯、可查询、可分析、可预警等功能并有效运行				
	5.数据管理	（1）生产经营数据以及与进出口活动有关的数据及时、准确、完整、规范录入系统。系统数据自进出口货物办结海关手续之日起保存 3 年以上				
		（2）进出口活动主要环节在系统中能够实现流程检索、跟踪				
二、守法规范标准			达标 0		不达标 -2	不适用 -
（三）遵守法律法规	6.企业守法	（1）1 年内无违反海关的监管规定被海关行政处罚金额超过 5 万元的行为				
		（2）1 年内违反海关的监管规定被海关行政处罚金额累计不超过 10 万元，且违法次数不超过 5 次或者违法次数不超过上年度报关单、进出境备案清单、进出境运输工具舱单等单证（以下简称"相关单证"）总票数千分之一				
		（3）上年度相关单证票数无法计算的，1 年内因违反海关的监管规定被海关行政处罚金额累计不超过 10 万，且违法次数不超过 5 次				
		（4）连续 4 个季度单季一般行政立案或刑事立案、没收、罚款、销毁、退运（退回）、知识产权保护等类型查获比率不超过同期全国平均水平				
		（5）上年度及本年度 1 月至上月未发现报关单涉税要素申报不规范问题				

三、贸易安全标准			达标 0	基本 达标 -1	不达 标 -2	不适 用 -
（四） 场所安 全控制 措施	7. 场所 安全	海关特殊监管区内的企业，符合海关监管要求的，视为符合场所安全该项标准				
		（1）出入口：车辆、人员进出企业的出入口配备人员驻守				
		（2）建筑结构：建筑物的建造方式能够防止非法闯入。定期对建筑物进行检查和修缮，保证其完整性、安全性				
	7. 场所 安全	（3）照明：企业经营场所配备充足的照明，包括以下区域：出入口，货物、物品装卸和仓储区，围墙周边及停车场 / 停车区域等				
		（4）视频监控：装配视频监控设备，监测以下区域：出入口，货物、物品装卸和仓储区，围墙周边及停车场 / 停车区域，防止未经许可进入货物、物品装卸和仓储区				
		（5）仓储区域：具有仓储设施，货物分类存放；设有隔离设施，防止任何未经许可的人员进入				
		（6）锁闭装置及钥匙保管：所有内外窗户、大门都设有足够数量的锁闭装置，实行钥匙发放、回收登记管理				
（五） 商业伙 伴安全 控制	8. 商业伙 伴安全	商业伙伴系海关高级认证企业的，企业可以免于对该商业伙伴执行本项标准				
		（1）全面评估：在筛选商业伙伴时根据本认证标准对商业伙伴进行全面评估，重点评估守法合规、贸易安全和供货资质，并有书面制度和程序				
		（2）书面文件：在合同、协议或者其他书面资料中要求商业伙伴按照本认证标准优化和完善贸易安全管理				
		（3）监控检查：定期监控或者检查商业伙伴遵守贸易安全要求的情况，并有书面制度和程序				
（六） 货物、 物品安 全控制	9. 货物、 物品安全	（1）装运和接收货物、物品：运抵的货物、物品要与货物、物品单证的信息相符，核实货物、物品的重量、标签、件数或者箱数。离岸的货物、物品要与购货订单或者装运订单上的内容进行核实。在货物、物品关键交接环节有签名、盖章等保护制度				

续 表

三、贸易安全标准			达标 0	基本达标 −1	不达标 −2	不适用 −
（六）货物、物品安全控制	9.货物、物品安全	（2）出口安全：生产型企业对出口货物、物品实施专人监装并保存相关记录；非生产型企业要求建立管理制度确保出口货物、物品安全装运				
		（3）货物、物品差异：在出现货物、物品溢、短装，法检商品安全、卫生、环保等指标不合格或者其他异常现象时要及时报告或者采取其他应对措施，并有书面制度和程序				
（七）集装箱安全控制措施	10.集装箱安全	只做单纯的国际贸易业务的非生产型企业，延伸认证其 1 家有委托关系的主要物流运输企业				
		（1）集装箱检查：在装货前检查集装箱结构的物理完整性和可靠性，包括门的锁闭系统的可靠性，并做好相关登记。检查采取"七点检查法（即对集装箱按照以下部位进行检查：前壁、左侧、右侧、地板、顶部、内/外门、外部/起落架）"				
		（2）集装箱封条：已装货集装箱要施加高安全度的封条，所有封条都要符合或者超出现行 PAS ISO 17712 对高度安全封条的标准，封条有专人管理、登记。要建立施加和检验封条的书面制度和程序，以及封条异常的报告机制。进出境厢式货车应全程施加封条，确保安全				
		（3）集装箱存储：集装箱要保存在安全的区域，以防止未经许可的进入或者改装，有报告和解决未经许可擅自进入集装箱或者集装箱存储区域的程序				
（八）运输工具安全控制措施	11.运输工具安全	只做单纯的国际贸易业务的非生产型企业，延伸认证其 1 家有委托关系的主要物流运输企业				
		（1）运输工具检查：对所有运输进出口货物、物品的运输工具进行检查，防止藏匿可疑货物、物品，并有书面制度和程序。对运输工具需要进行清洁、消毒等特殊处理的，应有书面制度和程序				
		（2）运输工具存储：运输工具要停放在安全的区域，以防止未经许可的进入或者其他损害，有报告和解决未经许可擅自进入或者损害的程序				
		（3）司机身份核实：在货物被装运或者接收前，应对装运或者接收货物运输工具的司机进行身份核实				

九、海关高级认证标准（报关企业）

海关高级认证企业标准
（报关企业）

认证标准			达标情况			
一、内部控制标准			达标 0	基本达标 −1	不达标 −2	不适用 −
（一）组织机构控制	1.海关业务培训	建立并执行面向客户的海关法律法规等相关规定的培训制度，每年对客户开展海关业务专业培训				
（二）进出口业务控制	2.单证控制	（1）代理申报前，有专门部门对进出口单证及相关信息、监管证件、商业单据等资料的真实性、完整性和有效性进行合理审查并复核纠错				
		（2）被代理企业实施许可证管理或者输华官方证书管理的，代理申报前，根据企业进出口实际情况对被代理企业的国外品质证书、质量保证书、装运前检验证书、原产地证书、卫生检疫单证、输华食品官方证书、动植物检疫官方证书、动植物检疫许可证、农业转基因生物安全证书等单证的有效性、完整性、一致性进行内部复核				
	3.单证保管	按照及时性、完整性、准确性与安全性等海关要求保管进出口报关单证以及相关资料				
	4.进出口活动	企业代理报关及相关活动管理流程设置合理、完备，涉及的货物流、单证流、信息流能够得到有效控制				
（三）信息系统控制	5.信息系统	建立真实、准确、完整并有效控制企业日常经营、代理进出口活动、财务数据的信息系统，在客户管理、合同管理、财务管理、关务管理、物流管理等方面具备可记录、可追溯、可查询、可分析、可预警等功能并有效运行				
	6.数据管理	代理报关活动的有关数据及时、准确、完整、规范录入系统。系统数据自进出口货物办结海关手续之日起保存 3 年以上				
二、守法规范标准			达标 0		不达标 −2	不适用 −
（四）遵守法律法规	7.企业守法	（1）1 年内无违反海关的监管规定被海关行政处罚金额超过 1 万元的行为				

二、守法规范标准			达标 0	不达标 -2	不适用 -
（四）遵守法律法规	7. 企业守法	（2）1 年内违反海关的监管规定被海关行政处罚的次数不超过上年度报关单、进出境备案清单、进出境运输工具舱单等单证（以下简称"相关单证"）总票数万分之一，且被海关行政处罚金额累计不超过 3 万元			
		（3）上年度相关单证票数无法计算的，1 年内无因违反海关的监管规定被海关行政处罚的行为			

三、贸易安全标准			达标 0	基本达标 -1	不达标 -2	不适用 -
（五）场所安全控制措施	8. 场所安全	（1）出入口：车辆、人员进出企业的出入口配备人员驻守				
		（2）建筑结构：建筑物的建造方式能够防止非法闯入。定期对建筑物进行检查和修缮，确保其完整性、安全性				
		（3）照明：企业经营场所配备充足的照明				
		（4）视频监控：装配视频监控，监测以下区域：出入口、单证存放区域，防止未经许可进入				
		（5）锁闭装置及钥匙保管：所有内外窗户，大门都设有足够数量的锁闭装置，实行钥匙发放、回收登记管理				
（六）商业伙伴安全控制措施	9. 商业伙伴安全	商业伙伴系海关高级认证企业的，企业可以免于对该商业伙伴执行本项标准				
		（1）全面评估：在筛选商业伙伴时根据本认证标准对商业伙伴进行全面评估，重点评估守法合规和贸易安全，并有书面制度和程序				
		（2）书面文件：在合同、协议或者其他书面资料中要求商业伙伴按照本认证标准优化和完善贸易安全管理				
		（3）监控检查：定期监控或者检查商业伙伴遵守贸易安全要求的情况，并有书面制度和程序				
（七）货物安全控制措施	10. 货物、物品安全	只做单纯的报关业务的企业，延伸认证其 1 家有委托关系的被代理企业或者主要物流运输企业				

续 表

三、贸易安全标准			达标 0	基本达标 -1	不达标 -2	不适用 -
（七）货物安全控制措施	10.货物、物品安全	（1）装运和接收货物、物品：运抵的货物、物品要与货物、物品单证的信息相符，核实货物、物品的重量、标签、件数或者箱数。离岸的货物、物品要与购货订单或者装运订单上的内容进行核实。在货物、物品关键交接环节有签名、盖章等保护制度				
		（2）货物、物品差异：在出现货物、物品溢、短装，法检商品安全、卫生、环保等指标不合格或者其他异常现象时要及时报告或者采取其他应对措施，并有书面制度和程序				
（八）集装箱安全控制措施	11.集装箱安全	只做单纯的报关业务的企业，延伸认证其1家有委托关系的被代理企业或者主要物流运输企业				
		（1）集装箱检查：在装货前检查集装箱结构的物理完整性和可靠性，包括门的锁闭系统的可靠性，并做好相关登记。检查采取"七点检查法（即对集装箱按照以下部位进行检查：前壁、左侧、右侧、地板、顶部、内/外门、外部/起落架）"				
		（2）集装箱封条：已装货集装箱要施加高安全度的封条，所有封条都要符合或者超出现行 PAS ISO 17712 对高度安全封条的标准，封条有专人管理、登记。要建立施加和检验封条的书面制度和程序，以及封条异常的报告机制。进出境厢式货车应全程施加封条，确保安全				
		（3）集装箱存储：集装箱要保存在安全的区域，以防止未经许可的进入或者改装，有报告和解决未经许可擅自进入集装箱或者集装箱存储区域的程序				
（九）运输工具安全控制措施	12.运输工具安全	只做单纯的报关业务的企业，延伸认证其1家有委托关系的被代理企业或者主要物流运输企业				
		（1）运输工具检查：对所有运输进出口货物、物品的运输工具进行检查，防止藏匿可疑货物、物品，并有书面制度和程序				
		（2）运输工具存储：运输工具要停放在安全的区域，以防止未经许可的进入或者其他损害，有报告和解决未经许可擅自进入或者损害的程序				
		（3）司机身份核实：在货物被装运或者接收前，应对装运或者接收货物运输工具的司机进行身份核实				

十、海关高级认证标准（外贸综合服务企业）

海关高级认证企业标准
（外贸综合服务企业）

认证标准			达标情况			
			达标 0	基本达标 -1	不达标 -2	不适用 -
一、内部控制标准						
（一）组织机构控制	1. 海关业务培训	建立并执行面向外贸综合服务平台客户的海关法律法规等相关规定的培训制度，对培训效果进行评估				
	2. 内部组织架构	设置专门业务风险管理部门，重点围绕合作伙伴内部控制、守法规范、贸易安全等开展风险评估与日常监控，部门职责分工明确				
（二）进出口业务控制	3. 单证控制	（1）设置专门部门或岗位人员，对外贸综合服务平台客户订单对应的进出口货物以及生产工厂信息、知识产权授权或合法渠道进货证明和客户提供的监管证件、商业单据、进出口单证等资料的真实性、完整性和有效性进行合理审查				
		（2）在申报前或者委托申报前通过外贸综合服务平台对报关单进行申报要素的逻辑检验，利用外贸综合服务平台运营所积累的数据进行商品价格、归类等税收要素和产品质量监控				
	4. 单证保管	（1）按照及时性、完整性、准确性与安全性等海关要求保存进出口报关单证和装箱单、提单、监装过程视频等物流单据和信息				
		（2）与外贸综合服务平台客户签订的综合服务合同（协议）等进出口业务相关的资料				
		（3）办理退税申报业务的，妥善保管企业办理出口退税的资料				
	5. 信息系统	（1）具备真实、准确、完整并有效控制企业经营活动的信息系统和外贸综合服务信息平台，特别是财务控制、关务、物流控制、风险控制等功能模块有效运行，实现与海关联网				
		（2）为外贸综合服务平台客户提供报关、物流、退税、结算、信保等在内的综合服务业务实现平台线上操作				
		（3）风险控制功能模块具备对企业外贸综合服务全流程进行风险识别、分析、处置的功能				

一、内部控制标准			达标 0	基本达标 -1	不达标 -2	不适用 -
（二）进出口业务控制	5.信息系统	（4）外贸综合服务平台可以实现对货物物流的追踪监控，具备与海关即时对接的条件，定期验核贸易数据				
		（5）外贸综合服务平台应包括知识产权库、价格数据库、历史交易库和客户（买卖）信息库等后台的风险数据库				
（三）信息系统控制	6.数据管理	（1）信息系统和外贸综合服务信息平台的数据及时、准确、完整、规范。信息系统和外贸综合服务信息平台数据保存3年以上				
		（2）外贸综合服务活动在外贸综合服务平台上能够实现流程检索、跟踪				
二、贸易安全标准			达标 0	基本达标 -1	不达标 -2	不适用 -
（四）商业伙伴安全控制	7.商业伙伴安全	（1）建立并执行平台客户的资质准入制度				
		（2）通过实地考核的方式对客户的生产能力、贸易真实性、进出口和产能是否匹配等情况进行核查				
		（3）根据风险评估结果、违法记录等建立外贸综合服务平台客户分级管理制度，对有违法记录的外贸综合服务平台客户进行责任回溯，不得代理被列入联合惩戒对象的企业办理进出口业务				
		（4）对进出口货物品类进行限制，公开审查标准				
		（5）与外贸综合服务平台客户签订规范的外贸综合服务合同（协议），在合同、协议或者其他书面资料中要求外贸综合服务平台客户按照海关认证标准优化和完善贸易安全管理				
		（6）对年度进出口额较大、违法记录较多以及风险较高的外贸综合服务平台客户进行定期监控和通过实地考核的方式对外贸综合服务平台客户进行重新核查				
（五）货物安全控制	8.货物、物品安全	（1）建立并执行对订单装运的货物、物品真实性进行核查的制度。对单笔交易额度较大的订单进行跟踪验货和现场监装，对交易额度小但交易频繁、总额较大的客户进行抽样查验且派人监督。对小额订单要求提供包含有产品包装、堆放、装运过程和运输车辆信息等的现场照片或视频				
		（2）装运出口货物、出境物品要视频监控并保存视频监控记录3个月；派员实地监装比例不低于10%。发现有违法嫌疑或者高风险的货物，及时采取合理的处置措施，并向海关报告				

十一、海关高级认证企业（跨境电子商务平台企业）

海关高级认证企业标准
（跨境电子商务平台企业）

认证标准			达标情况			
一、内部控制标准			达标 0	基本达标 -1	不达标 -2	不适用 -
（一）组织机构控制	1. 海关业务培训	建立并执行面向跨境电子商务企业、跨境电子商务企业境内代理人（以下简称"电商企业及其境内代理人"）的海关法律法规等相关规定的常态化培训制度，建立培训效果评估机制				
	2. 内部组织架构	（1）设置专门业务风险管理部门，重点围绕商品合规、质量安全、生物安全、虚假交易、二次销售、知识产权等开展风险评估与日常监控，部门职责分工明确				
		（2）设置专门客户服务部门，重点围绕交易规则评估、交易安全保障、消费者权益保护、不良信息处理等开展日常监控和服务，部门职责分工明确				
（二）进出口业务控制	3. 单证控制	（1）建立并执行交易电子信息复核制度				
		（2）设置专门部门或岗位人员，对向海关传输的电子信息真实性、完整性和有效性进行合理审查				
		（3）利用跨境电子商务平台运营所积累的数据对商品价格、归类等税收要素、产品质量和交易真实性进行监控				
	4. 单证保管	按照及时性、完整性、准确性与安全性等海关要求，保存与跨境电子商务有关的合作合同（协议）、委托代理协议等资料，以及向海关传输的电子信息，保存时限不低于 3 年				
（三）内部审计控制	5. 质量管理	建立消费者权益保障制度，履行对消费者的提醒告知义务				
（四）信息系统控制	6. 信息系统	（1）建立真实、准确、完整并有效控制跨境电子商务经营活动的信息系统，在资质审核、财务管理、进出口申报、业务风险管理等方面具备可记录、可追溯、可查询、可分析、可预警等功能并有效运行				
		（2）具备与海关即时对接的条件。向海关开放相关系统查询使用权限，满足海关定期开展交易真实性验证需求				

认证标准			达标情况			
一、内部控制标准			达标 0	基本达标 −1	不达标 −2	不适用 −
（四）信息系统控制	6.信息系统	（3）具备境内订购人身份信息真实性校验功能并有效运行				
		（4）完整记录用户注册、浏览、购买、支付等在网站上开展各类操作活动的时间、账号、IP 地址等详细信息				
	7.数据管理	建立知识产权库、价格数据库、历史交易库和企业信息库等后台业务风险管理数据库。应海关要求提供有关风险防控方面的信息和数据				
二、贸易安全标准			达标 0	基本达标 −1	不达标 −2	不适用 −
（五）商业伙伴安全控制	8.商业伙伴安全	（1）建立并执行电商企业及其境内代理人和其他商业合作伙伴的资质准入制度				
		（2）与电商企业及其境内代理人和其他商业合作伙伴签订规范的跨境电子商务合同（协议），在合同、协议或者其他书面资料中要求电商企业及其境内代理人和其他商业合作伙伴，按照海关认证标准优化和完善贸易安全管理				
		（3）根据风险评估结果、违法违规记录等建立电商企业及其境内代理人分级管理制度，对有违法违规记录的电商企业及其境内代理人进行责任回溯，并采取相应管控措施，不得为被列入联合惩戒对象的企业提供平台服务				
		（4）建立对电商企业及其境内代理人交易行为的监控制度，能够有效识别非正常交易行为并采取相应的处置措施				

十二、海关高级认证企业标准（进出境快件运营人）

海关高级认证企业标准

（进出境快件运营人）

认证标准			达标情况			
一、内部控制标准			达标 0	基本达标 -1	不达标 -2	不适用 -
（一）进出口业务控制	1. 单证控制	设置专门部门或岗位人员，在申报前对委托人提供的进出口随附单据、有关证明文件、收发件人信息等资料的真实性、规范性和完整性进行审查				
	2. 单证保管	按照完整性、准确性与安全性等海关要求，保存快件报关单证、随附单据、有关证明文件等				
（二）信息系统控制	3. 信息系统	（1）具备全程实时快件物流信息跟踪功能，实现对揽收快件物流状态的实时查询；对境内交由其他物流企业派送的包裹，可提供实时物流和妥投数据				
		（2）具备风险控制功能，对客户和快件进行风险识别、分析、筛查、处置并实施分级管理				
		（3）具备快件仓储管理功能，能够对快件在海关监管作业场所内的物流状态实施跟踪、查询、控制等				
		（4）具备与海关即时对接的条件。向海关开放业务数据、物流信息和妥投信息等相关系统查询使用权限，满足海关管理需求				
	4. 数据管理	信息系统的数据及时、准确、完整、规范，全程物流信息、风险管理信息等系统数据，自办结海关手续之日起保存 3 年以上				
二、贸易安全标准			达标 0	基本达标 -1	不达标 -2	不适用 -
（三）商业伙伴安全控制措施	5. 商业伙伴安全	建立境内和境外合作者的风险分级管理制度，结合海关监管情况及企业内部掌握情况对合作者进行动态评估，要求合作者按照海关认证标准优化和完善贸易安全管理				
（四）货物安全控制措施	6. 货物、物品安全	（1）建立并执行符合法律法规要求的揽收快件验视、复核制度，对限制类快件应当要求客户提供有关证明文件，对不符合法律法规要求的快件不得揽收承运				

二、贸易安全标准			达标 0	基本达标 −1	不达标 −2	不适用 −
（四）货物安全控制措施	6.货物、物品安全	（2）要求境外合作者建立符合法律法规要求的快件揽收验视、复核制度，并检查评估其执行落实情况，每年度不少于1次				
		（3）建立并执行快件装卸、分拣、存储、运输全程（关境内）监控制度。应海关要求提供相关信息				
		（4）建立对有违法嫌疑或高风险快件处置制度，发现上述情况及时采取处置措施并向海关报告				

十三、海关高级认证标准（水运物流运输企业）

海关高级认证企业标准

（水运物流运输企业）

认证标准			达标情况			
一、内部控制标准			达标 0	基本达标 −1	不达标 −2	不适用 −
（一）组织架构控制	1.内部组织架构	设有公共卫生安全管理部门，职责分工明确				
（二）进出口业务控制	2.单证控制	（1）建立并执行进出境申报单、舱单、转关申报单、国际转运准单等申报传输单据及随附单证的复核纠错制度或者程序				
		（2）申报前或者委托申报前，有专门部门或者岗位人员，对进出境申报单、舱单、转关申报单、国际转运准单等申报传输单据及随附单证中相关信息的准确性、一致性、规范性进行复核				
	3.单证保管	按照及时性、完整性、准确性与安全性等海关要求，保管进出境申报单、舱单、转关申报单、国际转运准单等申报传输单据及随附单证				
	4.进出口活动	水运物流运输及相关活动管理流程设置合理、完备，涉及的货物流、单证流、信息流能够得到有效控制				

续 表

认证标准			达标情况			
一、内部控制标准			达标 0	基本达标 -1	不达标 -2	不适用 -
（三）信息系统控制	5. 信息系统	建立真实、准确、完整并有效控制企业客户、运输工具信息、运输工具调度、运输货物流及财务数据的信息系统，在水运物流运输工具管理、申报传输、客户信息、物流管理、财务管理等方面具备可记录、可追溯、可查询、可分析、可预警等功能并有效运行				
	6. 数据管理	物流运输活动的有关数据及时、准确、完整、规范录入信息系统。信息系统数据，自海关接受电子数据申报之日起保存 3 年以上				
二、守法规范标准			达标 0		不达标 -2	不适用 -
（四）遵守法律法规	7. 企业守法	（1）1 年内无违反海关的监管规定被海关行政处罚金额超过 5 万元的行为				
		（2）1 年内违反海关的监管规定被海关行政处罚金额累计不超过 10 万元，且违法次数不超过 5 次或者违法次数不超过上年度报关单、进出境备案清单、进出境运输工具舱单等单证（以下简称"相关单证"）总票数千分之一				
		（3）上年度相关单证票数无法计算的，1 年内因违反海关的监管规定被海关行政处罚金额累计不超过 10 万元，且违法次数不超过 5 次				
（五）海关管理要求	8. 管理要求	（1）2 年内所辖船舶未出现群体性突发公共卫生事件的情形				
		（2）2 年内所辖船舶在港期间，在海关检查中出现食品安全、饮用水安全、环境卫生问题和病媒生物超标情形累计不超过 3 次				
三、贸易安全标准			达标 0	基本达标 -1	不达标 -2	不适用 -
（六）场所安全控制措施	9. 场所安全	（1）出入口：车辆、人员进出企业的出入口，配备人员驻守				
		（2）建筑结构：建筑物的建造方式能够防止非法闯入。定期对建筑物进行检查和修缮，保证其完整性、安全性				
		（3）照明：企业经营场所配备充足的照明，包括以下区域：出入口，货物、物品装卸和仓储区，围墙周边及停车场 / 停车区域等				

认证标准			达标情况			
三、贸易安全标准			达标 0	基本达标 -1	不达标 -2	不适用 -
（六）场所安全控制措施	9. 场所安全	（4）视频监控：装配视频监控设备，监测以下区域：出入口，货物、物品装卸和仓储区，围墙周边及停车场 / 停车区域，防止未经许可进入货物、物品装卸和仓储区				
		（5）仓储区域：具有仓储设施，货物分类存放；设有隔离设施，防止任何未经许可的人员进入。存放高风险生物因子（微生物、人体组织、生物制品、血液及其制品等特殊物品）的，应具备相应安全管理制度				
		（6）锁闭装置及钥匙保管：所有内外窗户、大门都设有足够数量的锁闭装置，实行钥匙发放、回收登记管理				
（七）人员安全控制措施	10. 人员安全	建立国际航行船舶工作人员健康和就医管理制度和档案				
（八）商业伙伴安全控制措施	11. 商业伙伴安全	商业伙伴系海关高级认证企业的，企业可以免于对该商业伙伴执行本项标准				
		（1）全面评估：在筛选商业伙伴时，根据本认证标准对商业伙伴进行全面评估，重点评估守法规范和贸易安全，并有书面制度和程序				
		（2）书面文件：在合同、协议或者其他书面资料中，要求商业伙伴按照本认证标准优化和完善贸易安全管理				
		（3）监控检查：定期监控或者检查商业伙伴遵守贸易安全要求的情况，并有书面制度和程序				
（九）货物、物品安全控制措施	12. 货物、物品安全	（1）装运和接收货物、物品：运抵的货物、物品要与单据的信息相符，核实货物、物品的重量、标签、件数或者箱数。离岸的货物、物品要与购货订单或者装运订单上的内容进行核实。在货物、物品关键交接环节有签名、盖章等保护制度。对需由海关实施数量、重量检验的进出口商品，建立配合海关实施检验的书面制度和程序				
		（2）货物、物品差异：在出现货物、物品溢、短装等异常现象时，要及时报告或者采取其他应对措施，并有书面制度和程序				

续 表

认证标准			达标情况			
三、贸易安全标准			达标 0	基本达标 −1	不达标 −2	不适用 −
（十）集装箱安全控制措施	13.集装箱安全	（1）集装箱封条：所提供的封条都要符合或者超出现行 PAS ISO 17712 对高度安全封条的标准，封条有专人管理、登记。要建立施加和检验封条的书面制度和程序，以及封条异常的报告机制				
		（2）集装箱存储：集装箱要保存在安全的区域，以防止未经许可的进入或者改装，有报告和解决未经许可擅自进入集装箱或者集装箱存储区域的程序				
（十一）运输工具安全控制措施	14.运输工具安全	（1）运输工具检查：对所辖运营船舶及设施、设备进行检查，防止未经许可的人员或者物品混入，防止擅自改装船舶的情事发生，并有书面制度和程序				
		（2）具备实时掌握船舶行驶状态、路线的制度和措施，能够控制船舶按规定区域和路线行驶，并保存船舶行驶轨迹数据记录				
		（3）建立并执行所辖运营船舶传染病防控、环境卫生、垃圾废弃物存放处置、病媒生物控制的管理制度				

十四、海关高级认证企业标准（公路物流企业）

海关高级认证企业标准
（公路物流运输企业）

认证标准			达标情况			
一、内部控制标准			达标 0	基本达标 −1	不达标 −2	不适用 −
（一）组织架构控制	1.内部组织架构	设有公共卫生安全管理部门，职责分工明确				

认证标准			达标情况			
		一、内部控制标准	达标 0	基本达标 −1	不达标 −2	不适用 −
（一）组织架构控制	1. 内部组织架构	设有公共卫生安全管理部门，职责分工明确				
（二）进出口业务控制	2. 单证控制	（1）建立并执行进出境申报单、舱单、转关申报单等申报传输单据及随附单证的复核纠错制度或者程序				
		（2）申报传输前或者委托申报传输前，有专门部门或者岗位人员，对车辆进出境申报单、舱单、转关申报单等申报传输单据及随附单证中相关信息的准确性、一致性、规范性进行复核				
	3. 单证保管	按照及时性、完整性、准确性与安全性等海关要求，保管进出境申报单、舱单、转关申报单等申报传输单据及随附单证				
	4. 进出口活动	公路物流运输及相关活动管理流程设置合理、完备，涉及的货物流、单证流、信息流能够得到有效控制				
（三）信息系统控制	5. 信息系统	建立真实、准确、完整记录企业客户、运输工具信息、运输工具调度、运输货物流及财务数据的信息系统，在物流运输工具管理、申报传输、客户信息、物流管理、财务管理等方面具备可记录、可追溯、可查询、可分析、可预警等功能并有效运行				
	6. 数据管理	物流运输活动的有关数据及时、准确、完整、规范录入信息系统。信息系统数据，自海关接受电子数据申报传输之日起保存 3 年以上				
（四）遵守法律法规	7. 企业守法	（1）1 年内无违反海关的监管规定被海关行政处罚金额超过 5 万元的行为				
		（2）1 年内违反海关的监管规定被海关行政处罚金额累计不超过 10 万元，且违法次数不超过 5 次或者违法次数不超过上年度报关单、进出境备案清单、进出境运输工具舱单等单证（以下简称"相关单证"）总票数千分之一				
		（3）上年度相关单证票数无法计算的，1 年内因违反海关的监管规定被海关行政处罚金额累计不超过 10 万元，且违法次数不超过 5 次				

认证标准			达标情况		
二、守法规范标准			达标 0	不达标 -2	不适用 -
（五）海关管理要求	8.管理要求	（1）2年内所辖进出境运输车辆，在海关检查中出现环境卫生问题和病媒生物超标情况累计不超过3次			
		（2）所聘用驾驶员2年内无走私犯罪、走私行为			

三、贸易安全标准			达标 0	基本达标 -1	不达标 -2	不适用 -
（六）场所安全控制措施	9.场所安全	（1）出入口：车辆、人员进出企业的出入口，配备人员驻守				
		（2）建筑结构：建筑物的建造方式能够防止非法闯入。定期对建筑物进行检查和修缮，确保其完整性、安全性				
		（3）照明：企业经营场所配备充足的照明，包括以下区域：出入口，货物、物品装卸和仓储区，围墙周边及停车场／停车区域等				
		（4）视频监控：装配视频监控设备，监测以下区域：出入口，货物、物品装卸和仓储区，围墙周边及停车场／停车区域，防止未经许可进入货物、物品装卸和仓储区				
		（5）仓储区域：具有仓储设施，货物分类存放；设有隔离设施，防止任何未经许可的人员进入。存放高风险生物因子（微生物、人体组织、生物制品、血液及其制品等特殊物品）的，应具备相应安全管理制度				
		（6）锁闭装置及钥匙保管：所有内外窗户、大门和围栏都设有足够数量的锁闭装置，实行钥匙发放、回收登记管理				
（七）人员安全控制措施	10.人员安全	（1）建立进出境运输车辆工作人员健康和传染性疾病就医管理制度和档案				
		（2）聘用驾驶员前，对其是否有走私犯罪、走私行为等进行调查				

认证标准			达标情况			
三、贸易安全标准			达标 0	基本达标 -1	不达标 -2	不适用 -
（八）商业伙伴安全控制措施	11. 商业伙伴安全	商业伙伴系海关高级认证企业的，企业可以免于对该商业伙伴执行本项标准				
		（1）全面评估：在筛选商业伙伴时，根据本认证标准对商业伙伴进行全面评估，重点评估守法规范和贸易安全，并有书面制度和程序				
		（2）书面文件：在合同、协议或者其他书面资料中，要求商业伙伴按照本认证标准优化和完善贸易安全管理				
		（3）监控检查：定期监控或者检查商业伙伴遵守贸易安全要求的情况，并有书面制度和程序				
（九）货物、物品安全控制措施	12. 货物、物品安全	（1）接收和运输货物、物品：运输的货物、物品要与单证的信息相符，核实货物、物品的件数或者箱数。在货物、物品关键交接环节有签名等保护制度。对需由海关实施数量、重量检验的进出口商品，建立配合海关实施检验的书面制度和措施				
		（2）货物、物品差异：在出现货物、物品溢、短装等异常现象时，要及时报告或者采取其他应对措施，并有书面制度和程序				
（十）集装箱安全控制措施	13. 集装箱安全	（1）集装箱检查：在装货前，检查集装箱结构的物理完整性和可靠性，包括门的锁闭系统的可靠性，并做好相关登记。检查采取"七点检查法"，即对集装箱以下部位进行检查：前壁、左侧、右侧、地板、顶部、内/外门、外部/起落架				
		（2）集装箱封条：所提供的封条都要符合或者超出现行 PAS ISO 17712 对高度安全封条的标准，封条有专人管理、登记。要建立施加和检验封条的书面制度和程序，以及封条异常的报告机制。进出境厢式货车应全程施加封条，确保安全				
		（3）集装箱存储：集装箱要保存在安全的区域，以防止未经许可的进入或者改装，有报告和解决未经许可擅自进入集装箱或者集装箱存储区域的程序				

认证标准			达标情况			
三、贸易安全标准			达标0	基本达标−1	不达标−2	不适用−
（十一）运输工具安全控制措施	14.运输工具安全	（1）运输工具检查：对所有运输进出口货物、物品的运输工具及设施、设备进行检查，防止藏匿可疑货物、物品，并有书面制度和程序				
		（2）建立并执行所辖运输工具传染病防控、环境卫生、垃圾废弃物存放处置、病媒生物控制的管理制度				
		（3）运输工具存储：运输工具要停放在安全的区域，以防止未经许可的进入或者其他损害，有报告和解决未经许可擅自进入或者损害的程序				
		（4）驾驶员管理：建立驾驶员与运输工具匹配管理制度，及载运前运输企业与客户对接核实驾驶员身份程序的书面文件				
		（5）具备实时掌握运输工具的行驶状态、路线，控制运输工具按规定区域和路线行驶的制度和程序，保存运输工具行驶轨迹数据记录				

十五、海关认证企业标准的变化

随着 2021 年 11 月 1 日新的《海关高级认证企业标准》开始施行，新标准会有一些变化。这些都要求企业准确理解和把握，及时调整做好，避免在申请、审核认证时产生麻烦与风险。新标准废止了 2019 年第 229 号公告，229 号公告有关跨境电商平台企业 / 快件运营人"应当同时符合《海关认证企业标准》中的通用标准、进出口货物收发货人 / 报关企业和跨境电子商务平台企业 / 快件运营人单项标准"的规定不复存在，跨境电商平台企业 / 快件运营人也就无须再考虑收发货人 / 报关企业的单项标准要求，只需要符合通用标准和各自的单项标准。

新公布的《中华人民共和国海关注册登记和备案企业信用管理办法》与旧的对照比较，在规定方面做了一些调整，更加趋于合理、完善。因此，新的海关认证企业标准也会做出一些调整与变化。海关更注重对高级认证企业标准的规范，取消了对 AEO 一般企业的认证标准。主要表现在以下几个方面：

1. 跨境电商平台 / 快件运营人

新标准跨境电商平台 / 快件运营人在"23. 场所安全"标准中没有单项标准要求，之前收发货人 / 报关企业单项标准中有关出入口、建筑结构、视频监控、存储区域等方面的要求对跨境电商平台 / 快件运营人来说都已删除，企业无须再逐一考虑是否满足单项标准要求，只需满足通用标准即可。

跨境电商平台企业新标准单项标准"7. 数据管理"只有"建立知识产权库、价格数据库、历史交易库和企业信息库等后台业务风险管理数据库。应海关要求提供有关风险防控方面的信息和数据"的要求，删除了"录入系统""系统流程检索、追踪"的要求。

快件运营人新标准"1. 海关业务培训"没有单项标准要求，也不再需要符合报关企业单项标准要求。

2. 单证保管

新标准的"4. 单证保管"里，删除了原来的通用标准（3）关于"建立符合海关要求的货物技术标准规范保管制度"。企业在今后的认证专门档案中，无须继续更新货物技术标准规范保管相关的制度和相应保管记录。

另外，之前的制度和记录中有部分可能会转为新标准的单项标准(5)"企业进出口商品需要检验监管的，应当对日常检验监管情况、生产经营情况、不合格货物的处置、销毁、退运、召回等情况建立台账，并确保台账的完整性和准确性"中的资料，需要考虑档案重新编号。

新标准"4. 单证保管"单项标准（4）的要求"企业进出境动植物及其产品需要检疫监管的，应当对口岸查验、装卸、调离、运输、隔离、生产、加工、存放、流向、检疫处理等环节建立台账，确保台账的完整性和准确性"，与旧标准要求相比较，增加了"口岸查验、隔离、流向"3 项应当建立台账的环节，相关企业应当及时更新台账记录的格式、内容，确保符合新标准的要求。

3. 准入控制

新标准新增"6. 准入控制"，要求"建立安全准入控制制度，对进出口货物是否存在安全准入要求、是否符合安全准入要求进行前置审核，保证货物、产地、生产企业、收发货人等符合中国安全准入要求"。企业应当结合自身进出口货物实际情况，建立或者完善安全准入控制制度。制度应当体现标准要求的"前置审核"工作，包括目标要求、具体责任部门、工作流程和审核内容以及异常处理。

4. 质量管理

新标准删除了原来的通用标准"7.质量管理"，仅在跨境电商平台企业的单项标准中保留了质量管理的要求，其他类型企业有关质量管理的单项标准要求也都删除。

对于跨境电商平台企业来说，今后无须再考虑旧标准的通用标准"建立对应的食品、化妆品、动植物及产品、工业品等法检商品质量安全管控制度，并有效落实"的要求，同时，仍然是由于2021年第88号公告废止了2019年第229号公告，跨境电商平台企业也无须考虑收发货人的单项标准要求（事实上新的收发货人单项标准也没有质量管理的要求），而且，仅就跨境电商平台企业的单项标准而言，新标准也删除了原来有关"建立风险防控机制"的要求，仅保留"建立消费者权益保障制度，履行对消费者的提醒告知义务"这一项标准要求。因此，跨境电商平台企业按照旧标准的通用标准、收发货人单项标准以及跨境电商平台企业单项标准（1）所准备的制度和记录，以及除跨境电商平台企业以外的其他企业按照旧标准"质量管理"所准备的制度和记录，都无须继续更新。

5. 运输工具安全

新标准"29.运输工具安全"单项标准（1）中增加了一句话"对运输工具需要进行清洁、消毒等特殊处理的，应有书面制度和程序"，企业应当根据自身业务实际情况落实是否有特殊处理，如果有，需要补充书面制度和程序，同时应当做好制度和程序的执行记录。

6. 危机管理

新标准"30.危机管理"删除了原来的"（1）将来应对灾害、紧急情况的应急预案"和"（2）对发生的灾害或者紧急情况进行应急处置，降低上述情形对企业进出口活动的影响"的要求，仅保留"发生的灾害或者紧急情况涉及海关业务的，应当及时向海关报告"的要求，原来的应急预案无须继续更新，只需作为 11 月 1 日之前的档案保留。

7. 综合财务状况

旧标准的"13. 综合财务状况"改为新标准的"13. 资产负债率"，标准要求改为"无连续 3 年资产负债率超过 95% 情形（资产负债率 = 负债总额 / 资产总额，负债总额、资产总额以审计报告后附的财务报表数据的期末值为准）"。同时，2021 年第 88 号公告废止了 2019 年第 46 号公告，企业今后无须再考虑按照 46 号公告要求计算综合速动比率、现金流动负债比率、净资产收益率 4 个财务状况指标是否符合认证标准要求的问题，只提供审计报告即可。

8. 企业守法

新标准"15. 企业守法"的若干标准做了修改，既有通用标准也有单项标准，总体来说放宽了标准要求，但从海关总署 2019 年 11 月 1 日发布的《海关认证标准指南》来看，该标准"由海关认定。企业应当配合海关了解相关情况。企业对海关认定有异议的，可以向海关说明情况，并提供相关证明材料"，企业应当关注海关认定结果，更为重要的是在日常的生产经营（不仅是进出口）活动中持续做好守法合规管理工作，确保不出现标准列明的各种不守法情况。需要注意的是，单项标准中新增"（5）上年度及本年度 1 月至上月未发现报关单涉税要素申报不规范问题"，海关应该会及时说明"不规范"的具体判断标准。

9. 申报规范

旧标准和新标准的"18. 申报规范""19. 传输规范"通用标准要求均为"见单项标准"，而新标准所有类型企业的单项标准中均没有要求，旧标准有单项标准要求的收发货人、报关企业、跨境电商平台企业、快件运营人 4 类企业今后无须考虑旧标准的要求。

10. 税款缴纳

新标准"20. 税款缴纳"的标准要求修改，对于上年度以及本年度 1 月至上月滞纳税款的要求，从旧标准的"报关单率不超过 3%"改为"没有超过法定缴款期限缴纳税款的情形"，就是提高了要求，不允许有任何超期滞纳税款的情况发生，企业一定要注意避免出现滞纳税款的问题。

11. 管理要求

新标准"21. 管理要求"的若干标准做了修改，企业应当结合自身的实际进出口业务了解掌握标准变化情况，通过日常的守法合规工作，确保持续符合标准要求。

12. 加分项目

新标准增加"32. 加分项目"标准，标准涉及的中国外贸出口先导指数样本企业、进口货物使用去向调查样本企业以及其他统计专项调查样本企业，应当争取符合标准规定的填报问卷及时率、问卷答案与出口增速的吻合度、复核准确率几个指标的具体加分要求，拿到加分。不属于上述企业范围的也无须担心，该标准只加分，不会扣分。

第三节　大陆与港台地区海关互认及"一带一路" 沿线国家 AEO 互认

一、内地海关与香港海关互认安排

2013 年 10 月，内地海关和香港海关正式签署了《海关总署与香港海关关于〈中华人民共和国海关企业分类管理办法〉与〈香港认可经济营运商计划〉的互认安排》，并已于 2014 年 5 月 18 日起在陆路口岸实施互认安排。为进一步扩大企业受惠范围，经与香港海关磋商，双方决定将内港海关实施互认的范围增加空运和海运口岸，于 2014 年 9 月 1 日起全面实施互认安排。该互认安排的相关事项如下：

（1）内地海关接受香港海关认证的"香港认可经济营运商"为香港的经认证的经营者，香港海关接受内地海关认证的 AA 类进出口企业为内地的 AEO 企业。

（2）内港海关在陆运、空运、海运口岸全领域实施 AEO 互认，并相互给予对方 AEO 企业的进口货物如下通关便利措施：降低进口货物查验率；简化进口货物单证审核；进口货物优先通关；设立海关联络员，协调解决企业通关中的问题；非常时期优先处置。

（3）内地海关认证的 AEO 企业直接出口到香港的货物，可以享受香港海关给予的通关便利措施。内地 AEO 企业通过陆路方式向香港出口货物时，应将其 AEO 认证编码（AEO CN+ 在中国海关注册的 10 位企业编码）、企业名称和地址（名称和地址必须与向海关注册登记的信息完全一致）通报给香港进口商。香港进口商或其代理人以电子方式向香港海关"道路货物资料系统"申报时，一并录入内地 AEO 企业的上述信息。

内地 AEO 企业通过海运或空运方式向香港出口货物时，应将其名称和地址（名称和地址必须与向海关注册登记的信息完全一致）通报给内地承运人（即航空公司或船公司），并告知该内地承运人通过港方承运人或货站营运商向香港海关申报货物资料时，一并提交上述信息。

香港海关在收到进口申报后，利用系统将有关信息与内地海关提供的AEO 企业信息进行对碰，确认其真实后，进口通关环节自动适用便利措施。

（4）香港海关认证的 AEO 企业直接出口到内地的货物，可以享受到内地海关给予的通关便利措施。内地进口商向内地海关申报从香港AEO 企业进口货物时，应在进口报关单"备注栏"填入由香港海关认证的 AEO 编码。填写方式为："AEO"（英文半角大写）+"<"（英文半角）+"HK"+"10 位认证企业数字编码"+">"（英文半角），例如，香港海关认证的 AEO 企业的编码为 AEOHK1234567890，则填注："AEO<HK1234567890>"。内地海关将该编码与香港海关事先提供的认证企业信息进行对碰，在两者一致的情况下，进口通关环节自动适用便利措施。

二、海峡两岸海关 AEO 互认试点

为支持海峡两岸企业发展，促进贸易便利，海峡两岸海关自 2016 年10 月 1 日起实施"经认证的经营者"互认试点。该互认试点的相关事项如下：

（1）大陆海关接受台湾海关认证的安全认证优质企业为台湾的经认证的经营者，台湾海关接受大陆海关认证的高级认证企业为大陆的 AEO 企业。

（2）大陆海关和台湾海关相互给予对方 AEO 企业的进口货物以下通关便利措施：减少进口货物单证审核，适用较低进口货物查验率，进口货物优先办理通关手续，设立海关 AEO 联络员，非常时期优先处置。

（3）试点海关。大陆参与试点的海关为南京、福州、厦门海关。台湾参与试点的海关为高雄、基隆海关。

（4）试点企业。大陆参与试点的企业为高级认证企业，具体范围为：从大陆所有口岸直接出口至高雄、基隆的海运货物（不限于从南京、福州、厦门口岸启运）所涉及的高级认证企业。台湾参与试点的企业为安全认证优质企业，具体范围为从台湾所有口岸直接出口至南京、福州、厦门的海运货物（不限于从高雄、基隆口岸启运）所涉及的安全认证优质企业。

（5）大陆 AEO 企业向台湾试点海关出口货物时，应将其 AEO 编码（AEOCN+ 在大陆海关注册的 10 位企业编码）和企业名称通报给台湾进口商。台湾进口商或其代理人向台湾海关申报时，按照要求录入大陆 AEO 企业有关信息。台湾海关在有关 AEO 信息对碰一致后，进口通关环节自动适用便利措施。

（6）大陆进口商或其代理人向大陆试点海关申报从台湾 AEO 企业进口的货物时，应在进口报关单"备注栏"处填写台湾海关 AEO 企业编码。填写方式为："AEO"（英文半角大写）+"<"（英文半角）+"TW"（英文半角大写）+"9 位 AEO 企业编码"+">"（英文半角）。例如，台湾海关 AEO 企业编码为：123456789，则填写："AEO< TW 123456789>"。大陆海关在有关 AEO 信息对碰一致后，进口通关环节自动适用便利措施。

三、我国与相关国家（地区）的互认安排

（一）中国海关总署与新加坡关税局的互认安排

2012 年 6 月，中国海关总署与新加坡关税局正式签署了《中华人民共

和国海关总署和新加坡关税局关于〈中华人民共和国海关企业分类管理办法〉和〈新加坡安全贸易伙伴计划〉互认的安排》。经与新加坡关税局协商,海关总署决定从 2013 年 3 月 15 日起全面实施该互认安排。该互认安排的相关事项如下:

(1)从 2013 年 3 月 15 日起,我国海关接受新加坡关税局认证的 STP-Plus 企业为新加坡的经认证的经营者,新加坡关税局接受我国海关认证的 AA 类企业为我国的 AEO 企业。

(2)我国海关和新加坡海关互相给予来自对方 AEO 企业的进口货物如下通关便利措施:实施较低比例查验,予以快速通关;对需要进行查验的货物优先予以查验;在通关过程中给予优先处理待遇;如果国际贸易发生中断,尽力提供快速通关。

(3)我国 AA 类进出口企业以自己名义直接出口到新加坡的货物,可以享受新加坡海关给予的通关便利措施。AA 类企业必须向新加坡进口企业提供自己的企业管理类别和在中国海关的 10 位注册编码,并由新加坡进口企业在向新加坡海关进口申报时按有关规定将 AEO 代码录入新加坡海关 TradeNet 报关系统,新加坡海关在通关过程中才能识别我国的 AA 类企业为 AEO 企业并给予相应的通关便利措施。AEO 代码由"AEO""CN"和企业在中国海关的 10 位注册编码组成。

(4)新加坡 STP-Plus 企业以自己的名义直接出口到中国的货物,可以享受到我国海关给予的通关便利措施。我国企业申报从新加坡 STP-Plus 企业进口货物时,必须在进口报关单"备注栏"处填注统一的新加坡出口企业的 AEO 编码,我国的报关系统才能识别新加坡的 STP-Plus 企业为 AEO 企业并给予相应的通关便利措施。填注方式为:"AEO(英文半角大写)"+"<"+"SG"+"12 位 AEO 企业编码"+">")。例如,新加坡 STP-Plus 企业的编码为 AEOSG123456789012,则填注:"AEO<SG123456789012>"。

(二)中国海关总署与韩国海关的互认安排

2013 年 6 月,中韩两国海关正式签署了《中华人民共和国海关总署和大韩民国关税厅关于中华人民共和国海关企业分类管理制度与大韩民国进出口安全管理优秀认证企业制度的互认安排》。两国海关完成了互认正式实施前的试点工作，并决定自 2014 年 4 月 1 日起正式实施该互认安排。该互认安排的相关事项如下：

（1）我国海关接受韩国海关认证的进出口安全管理优秀企业（以下简称"认证企业"）为韩国的经认证的经营者，韩国海关接受我国海关认证的 AA 类进出口企业为我国的 AEO 企业。

（2）双方海关相互给予对方 AEO 企业的进口货物如下通关便利措施：降低进口货物查验率；简化进口货物单证审核；进口货物优先通关；设立海关联络员，协调解决企业通关中的问题；非常时期的优先处置。

（3）我国海关认证的 AEO 企业直接出口到韩国的货物，可以享受韩国海关给予的通关便利措施。我国 AEO 企业向韩国出口货物时，应将 AEO 认证编码（AEO CN+ 在中国海关注册的 10 位企业编码）通报给韩国进口商，由韩国进口商据此向韩国海关获取与认证编码相匹配的海外业务伙伴代码（CN+6 位企业名称 +4 位编码 +1 位验证码），并录入认证企业信息。韩国进口商进口申报时，韩国海关将该认证企业信息和中国海关事先提供的认证企业信息进行对碰，在两者一致的情况下，进口通关环节自动适用便利措施。

（4）韩国海关认证的 AEO 企业直接出口到我国的货物，可以享受到我国海关给予的通关便利措施。我国进口商向我国海关申报从韩国 AEO 企业进口货物时，应在进口报关单"备注栏"处填入由韩国海关认证的 AEO 编码。填写方式为："AEO"（英文半角大写）+"<"（英文半角）+"KR"+"7 位认证企业编码"+">"（英文半角），例如，韩国海关认证的 AEO 企业的编码为 KRAEO1234567，则填注："AEO<KR1234567>"。我国海关将该编码与韩国海关事先提供的认证企业信息进行对碰，在两者一致的情况下，进口通关环节自动适用便利措施。

（三）中国与欧盟双方海关的互认安排

2014 年 5 月，中国与欧盟双方海关正式签署了《中欧联合海关合作委员会关于在〈中华人民共和国政府和欧洲共同体关于海关事务的合作和行政互助协定〉下建立中国海关企业分类管理制度和欧洲联盟海关经认证的经营者制度互认安排的决定》（以下简称《互认安排决定》）；我国海关于 2014 年 10 月对外公布了新制定的《中华人民共和国海关企业信用管理暂行办法》（海关总署令第 225 号）及配套文件，并于 2014 年 12 月 1 日起正式施行；中欧海关根据 2015 年 6 月达成的联合共识对《互认安排决定》进行了修订，决定自 2015 年 11 月 1 日起正式实施该互认安排。该互认安排的相关事项如下：

（1）欧盟海关接受中国海关认证的高级认证企业为中国的经认证的经营者。中国海关接受欧盟海关认证的 AEO 企业（AEOS）和简化海关手续及 AEO 认证的企业（AEOC/AEOS）为欧盟的 AEO 企业。

（2）中欧双方海关相互给予对方 AEO 企业的进出口货物如下通关便利措施：减少查验或与监管有关的风险评估等手续，安全贸易伙伴身份的承认，货物优先通关，贸易连续运行保障机制。

（3）我国海关认证的 AEO 企业直接出口到欧盟的货物，或者直接进口自欧盟的货物，可以享受欧盟海关给予的通关便利措施。我国 AEO 企业向欧盟进出口货物时，应将 AEO 认证编码（CN+ 在我国海关注册的 10 位企业编码）通报给欧盟进口商。欧盟进口商和出口商申报时，欧盟海关将该中国 AEO 企业信息和中国海关事先提供的 AEO 企业信息进行核对，在两者一致的情况下，通关环节自动适用便利措施。

（4）欧盟海关的 AEO 企业直接出口到我国的货物，或者直接进口自我国的货物，可以享受到我国海关给予的通关便利措施。我国进口商或出口商向我国海关申报欧盟海关 AEO 企业货物时，应在报关单"备注栏"处填入欧盟海关 AEO 编码。填写方式为："AEO"（英文半角大写）+"<"（英文半角）+"欧盟 EORI 编码"+">"（英文半角）。例如，欧盟 EORI 编码为 FR123456789012345，则填注："AEO<FR123456789012345>"。我国海关将该编码与欧盟海关事先提供的 AEO 企业信息进行核对，在两者一致的情况下，通关环节自动适用便利措施。

（四）中国政府与瑞士联邦委员会的互认安排

2017 年 1 月，中国政府与瑞士联邦委员会签署了《中华人民共和国政府和瑞士联邦委员会关于中华人民共和国海关企业信用管理制度和瑞士联邦海关"经认证的经营者"制度互认的协定》（以下简称《协定》），决定自 2017 年 9 月 1 日起正式实施该《协定》。该互认安排的相关事项如下：

（1）根据《协定》规定，中瑞双方相互认可对方海关的经认证的经营者，为进口自对方 AEO 企业的货物提供通关便利。其中，瑞士海关认可中国海关的高级认证企业为中国的 AEO 企业，中国海关认可瑞士海关的经认证的经营者为瑞士的 AEO 企业。

（2）中瑞双方海关在 AEO 企业货物通关时，相互给予对方 AEO 企业以下通关便利措施：一是对于 AEO 企业的货物，将其资质作为有利因素纳入减少查验或监管的风险评估，并在其他相关安全管理措施中予以考虑；二是在对 AEO 企业的商业伙伴进行评估时，将已获 AEO 企业资质的商业伙伴视为安全的贸易伙伴；三是对 AEO 企业的货物给予优先对待、加速处理、快速放行；四是指定海关联络员，负责沟通解决 AEO 企业在通关中遇到的问题；五是对因安全警报级别提高、边境关闭、自然灾害、紧急情况或其他重大事故或不可抗力因素导致贸易中断，在贸易恢复后海关将给予 AEO 企业货物优先和快速通关的便利待遇。

（3）中国 AEO 企业向瑞士出口货物时，应当将 AEO 认证编码（CN+ 在中国海关注册的 10 位企业编码）通报给瑞士进口商，由瑞士进口商按照瑞士海关规定填写申报，瑞士海关在确认中国 AEO 企业的身份后，将会给予相关便利措施。

（4）中国企业从瑞士 AEO 企业进口货物申报时，需要在报关单"备注栏"处填入该企业的瑞士 AEO 编码。填写方式为："AEO"（英文半角大写）+"<"（英文半角）+"瑞士 AEO 编码（国别代码 CHE 加 8 位数字代码加 1 位识别码）"+">"（英文半角）。如瑞士 AEO 编码为 CHE12345678P，则填注："AEO<CHE12345678P>"。中国海关在确认瑞士 AEO 企业的身份后，将会给予相关便利措施。

（五）中国与以色列双方海关的互认安排

2017 年 11 月，中国与以色列双方海关正式签署了《中华人民共和国海关总署和以色列国财政部税务总局关于中国海关企业信用管理制度与以色列海关"经认证的经营者（AEO）"制度互认的安排》（以下简称《互认安排》），决定自 2018 年 10 月 1 日起正式实施该《互认安排》。该互认安排的相关事项如下：

（1）根据《互认安排》规定，中以双方相互认可对方海关的经认证的经营者（AEO），为进口自对方 AEO 企业的货物提供通关便利。其中，以色列海关认可中国海关的高级认证企业为中国的 AEO 企业；中国海关认可以色列海关经认证的经营者为以色列的 AEO 企业。

（2）中以双方海关在进口货物通关时，相互给予对方 AEO 企业如下通关便利措施：降低进口查验率；进口货物优先通关；在各自项目下，指定海关关员处理与项目成员货物通关相关的事宜；贸易中断恢复后优先办理手续。

（3）中国 AEO 企业向以色列出口货物时，需要将 AEO 企业编码（AEOCN+ 在中国海关注册的 10 位企业编码，例如 AEOCN0123456789）通报给以色列进口商，由以色列进口商按照以色列海关规定填写申报，以色列海关在确认中国 AEO 企业身份后，将会给予相关便利措施。

（4）中国企业从以色列 AEO 企业进口货物时，需要分别在进口报关单"境外发货人"栏目中的"境外发货人编码"一栏和水、空运货运舱单中的"发货人 AEO 企业编码"一栏填写该境外发货人的 AEO 编码。填写方式为："国别（地区）代码 +AEO 企业编码（9 位数字）"，例如"IL123456789"。中国海关在确认以色列 AEO 企业的身份后，将会给予相关便利措施。

（六）中国与日本双方海关的互认安排

2018 年 10 月，中国与日本双方海关正式签署了《中华人民共和国海关和日本国海关关于中国海关企业信用管理制度和日本海关"经认证的经营者"制度互认的安排》（以下简称《互认安排》），决定自 2019 年 6 月 1 日起正式实施该《互认安排》。该互认安排的相关事项如下：

（1）根据《互认安排》规定，中日双方相互认可对方海关的经认证的经营者，为进口自对方 AEO 企业的货物提供通关便利。其中，日本海关认可中国海关的高级认证企业为中国的 AEO 企业；中国海关认可日本海关经认证的经营者为日本的 AEO 企业。

（2）中日双方海关在进口货物通关时，相互给予对方 AEO 企业如下通关便利措施：在开展风险评估以减少查验和监管时，充分考虑对方 AEO 企业的资质；对需要查验的货物，在最大限度上进行快速处置；指定海关联络员负责沟通联络，以解决 AEO 企业通关过程中遇到的问题；在主要基础设施从贸易中断恢复后，最大限度上为 AEO 企业的货物提供快速通关。

（3）中国 AEO 企业向日本出口货物时，需要将 AEO 企业编码（AEOCN+ 在中国海关注册的 10 位企业编码，例如 AEOCN0123456789）通报给日本进口商，由日本进口商按照日本海关规定填写申报，日本海关在确认中国 AEO 企业的身份后，将会给予相关便利措施。

（4）中国企业从日本 AEO 企业进口货物时，需要分别在进口报关单"境外发货人"栏目中的"境外发货人编码"一栏和水、空运货运舱单中的"发货人 AEO 企业编码"一栏填写日本发货人的 AEO 编码。填写方式为："国别（地区）代码+AEO 企业编码（17 位数字）"，例如"JP12345678901234567"。中国海关在确认日本 AEO 企业的身份后，将会给予相关便利措施。

（七）中国与白俄罗斯双方海关的互认安排

2019 年 4 月，中国与白俄罗斯双方海关正式签署了《中华人民共和国海关总署和白俄罗斯共和国国家海关委员会关于中华人民共和国企业信用管理制度和白俄罗斯共和国 AEO 制度互认的安排》（以下简称《互认安排》），决定自 2019 年 7 月 24 日起正式实施。该《互认安排》的相关事项如下：

（1）根据《互认安排》规定，中白双方相互认可对方海关的经认证的经营者（简称"AEO 企业"），为双方 AEO 企业的进出口货物提供通关便利。其中，白俄罗斯海关认可中国海关高级认证企业为互认的 AEO 企业，中国海关认可白俄罗斯海关"第三类 AEO 企业"为互认的 AEO 企业。

（2）中白双方海关在进出口货物通关时，相互给予对方 AEO 企业如下通关便利措施：减少单证审核；适用较低的查验率；对需要检查的货物给予优先查验；指定海关联络员负责即时沟通，以解决 AEO 企业通关中遇到的问题；实施快速通关，包括在国际贸易中断并恢复后优先通关。

（3）与白俄罗斯有进出口贸易的中国海关高级认证企业，需要将 AEO 编码（AEO CN+ 在中国海关注册的 10 位企业编码，例如 AEO CN0123456789）告知白俄罗斯进口商或出口商，由其按照白俄罗斯海关规定填写申报，白俄罗斯海关在确认中国海关 AEO 企业的身份后，将会给予相关便利措施。

（4）企业自白俄罗斯"第三类 AEO 企业"进口货物时，需要分别在进口报关单"境外发货人"栏目中的"境外发货人编码"一栏和水、空运货运舱单中的"发货人 AEO 编码"一栏填写白俄罗斯发货人的 AEO 编码；企业向白俄罗斯 AEO 企业出口货物时，需要分别在出口报关单"境外收货人"栏目中的"境外收货人编码"一栏和水、空运货运舱单中的"收货人 AEO 编码"一栏填写白俄罗斯收货人的 AEO 编码。填写方式为："国别代码（BY）+AEO 企业编码（4 位数字）"，例如"BY1234"。中国海关在确认白俄罗斯 AEO 企业的身份后，将会给予相关便利措施。

（八）中国与新西兰双方海关的互认安排

2017 年 3 月，中国与新西兰双方海关正式签署了《中华人民共和国海关总署和新西兰海关署关于中华人民共和国海关企业信用管理制度与新西兰海关安全出口计划互认的安排》，决定自 2017 年 7 月 1 日起正式实施该《互认安排》。该《互认安排》的相关事项如下：

（1）根据《互认安排》规定，中新双方相互认可对方海关的经认证的经营者（简称"AEO 企业"），为进口自对方 AEO 企业的货物提供通关便利。其中，新西兰海关认可中国海关的高级认证企业为中国的 AEO 企业；中国海关认可新西兰海关安全出口计划的成员为新西兰的 AEO 企业。

（2）中新双方海关在进出口货物通关时，相互给予对方 AEO 企业如下通关便利措施：减少单证审核和查验；对需要查验的货物给予优先查验；指定海关联络员，负责沟通解决 AEO 企业在通关中遇到的问题；在中断的国际贸易恢复时提供快速通关。

（3）中国 AEO 企业向新西兰出口货物时，应当将 AEO 企业的身份信息通报给新西兰进口商，由新西兰进口商按照新西兰海关规定填写申报，新西兰海关在确认中国 AEO 企业的身份后，将会给予相关便利措施。

（4）中国企业从新西兰 AEO 企业进口货物申报时，需要在报关单"备注栏"处填入该企业的新西兰 AEO 编码。填写方式为："AEO"（英文半角大写）+"<"（英文半角）+"新西兰 AEO 编码"+">"（英文半角）。例如，新西兰 AEO 编码为 NZ1234，则填注："AEO<NZ1234>"。中国海关在确认新西兰 AEO 企业的身份后，将会给予相关便利措施。

第四章

"一带一路"倡议下 AEO 互认的影响效应

AEO 互认制度是提高贸易便利化水平和保障贸易安全的重要举措，从提出至今，世界各国间有关 AEO 互认的谈判与协定签署在不断推进，中国也大力开展了与"一带一路"沿线国家间的 AEO 互认。然而，AEO 互认制度究竟对中国以及相关国家的贸易发展产生了多大的效应，至今仍少有定量研究。本章采用实证研究方法，定量评估中国与"一带一路"沿线国家间 AEO 互认的贸易效应，从而更客观地分析其有效性，以更好地推进 AEO 互认制度。

第一节　AEO 互认与贸易增长

一、AEO 互认促进贸易增长的机制

AEO 互认是两国对 AEO 企业给予优先通关、降低查验率等的举措，以使双方的认证企业在两个国家或地区之间进行进出口活动时享受互认协定中规定的通关便利。因此，AEO 互认制度最突出的特点之一是促进贸易的便利化。从 AEO 制度本身来看，以中国为例，海关向高级认证 AEO 企业提供优先办理、减少监管频次、降低通关成本、优化服务等 5 大类 22 项便利措施，切实助力企业降低贸易成本。同时，AEO 企业不仅能够享受海关实施的各项便利，还能享受国内相关政府部门实施的联合激励措施。根据海关总署、国家发展改革委等 40 个中央部门签署的《关于对海关高级认证企业实施联合激励的合作备忘录》，海关高级认证 AEO 企业可以享受多部门给予的减少查验和检查、优先办理、简化程序、绿色通道等 49 项激励措施，如税务部门缩短退税时间，环保部门减少监管频次，发展改革、财政

等部门优先予以项目审批等，守信激励效应不断放大。

从 AEO 互认情况来看，据海关总署有关问卷调查显示，中国 AEO 企业出口到互认国家（地区），有 73.62% 的企业境外通关查验率有明显降低，有 77.31% 的企业境外通关速度有明显提升，有 58.85% 的企业境外通关物流成本有一定降低。以中日 AEO 互认为例，根据《互认安排》，中国和日本海关将向来自对方的 AEO 企业货物给予最大程度的通关便利，包括在开展风险评估以减少查验和监管时充分考虑 AEO 资质；对需要查验的货物，在最大限度上进行快速处置；指定海关联络员负责沟通联络，以解决 AEO 企业通关过程中遇到的问题；在主要基础设施从贸易中断恢复后，致力于在最大限度上为进口自对方 AEO 企业的货物提供快速通关等一系列措施。据海关统计，2018 年，有 1752 家中国 AEO 企业开展了对日出口业务，出口额占中国对日出口总额的 24%。

毫无疑问，各国海关间的合作必定能够增强贸易的安全性与便利性。《标准框架》鼓励各国海关间的 AEO 制度以及安全手段的互认。而各国海关间在 AEO 制度互认方面的合作是开启海关间整体合作的重要契机，除了监管手段、监管结果的互认，交换与风险相关的情报、信息也是各国海关间合作的重要领域。相互认可制度要求供应链上的海关互认承认、认可双方各自采取的 AEO 制度的兼容性，包括海关监管的一致性、安全防范标准的统一，以及海关在批准企业成为各自的 AEO 制度时程序的兼容。从这个角度讲，各国海关间 AEO 制度的互认，不但便利了供应链的参与者，也大大节约了海关的监管成本。

互认意味着一个国家的 AEO 制度对于公司、企业的要求也能够满足其他国家对于同一公司企业的需要。从世界海关组织的角度来讲，它将全球供应链视作一个一体化的商业活动，要求供应链涉及的所有海关来发展并完善一体化的海关监管链，其中包括从起运地到目的地中涉及的事务和供应链安全性中的核心要素，如单证和货物的监管、装运以及人员和信息的安全性。在一体化海关监管链中，为安全目的而实施的海关监管和风险评估是一个持续进行且由各相关方合作完成的过程，该过程从出口商在准备货物出口时开始，对货物完整性进行持续性确认，从而避免不必要的重复查验。这将为 AEO 在各成员之间提供相同的便利，所有实施 AEO 标准的成员也将提高其贸易活动的可预见性，提高贸易效率。

相互认可不仅可以避免重复监管，还可在很大程度上便利贸易以及监管国际供应链中流动的货物。具体来讲，AEO 互认会给供应链上的各方带来益处：对于各国（地区）海关当局来讲，AEO 制度互认带来的最大益处就是更加合理地分配有限的监管资源，带来一个有效且高效的同一的安全链标准和程序，消除不同国家（地区）海关关员的重复现场查验，减少执法成本。而对于商界，更明确一些来说，对于 AEO 企业，AEO 互认极大地便利了合法贸易，海关对于合法贸易监管的适当放松（较低的查验率，较快的通关效率）将会加快货物放行速度，使得贸易行为的可预计性加强，减少公司、企业的成本和行政负担。而 AEO 企业将会更倾向与获得 AEO 认证的其他企业合作，以提高自身的知名度，并培养可靠的合作伙伴。

由此可见，AEO 互认制度可以有效降低企业通关成本，提高通关效率，促进企业出口。AEO 制度的互认增加国际贸易的透明度，相似的安全监管平台和信息、情报的交换共享一定会加速国际贸易的流动。

二、AEO 互认的贸易效应的研究进展

自 AEO 互认制度提出以来，大量学者对其开展了研究，包括对 AEO 制度及 AEO 互认的历史回顾、AEO 互认机制的分析及国际比较、AEO 互认的战略意义与发展规划、开展 AEO 互认制度的问题诊断及对策建议分析等。譬如 Widdowson（2009）认为，在《标准框架》下，不同经济体之间的企业互认是 AEO 认证带来的所有好处中最有意义的一种。陈苏明（2013）认为，海关间的合作有利于在贸易便利的同时加强安全性，AEO 互认是海关开展整体合作的重要契机，有助于避免重复监管。还有一部分学者提出了当前推行 AEO 互认中可能会产生的问题：Susanne Aigner（2010）认为，实行互认的国家间对便利措施是否有共同或相似的利益诉求，认证企业信息在互认国家之间和部门之间是否可以有效共享，监管方法统一与数据安全能否达到平衡等因素都可能会给 AEO 互认的推行带来问题。陈苏明

（2013）发现在 AEO 互认中存在对等措施、认证相关信息和数据的交换以及控制方法、完整性、数据保护等障碍。

一些学者通过调查问卷、案例分析等方式对 AEO 相关政策效果进行了评估。国外学者 Hans-Joachim（2015）运用奥地利2008—2013年的 AEO 数据，分析谁在 AEO 认证中受益最大。在奥地利约有 49% 的 AEO 认证授予制造行业的公司，工业部门的出口导向越多，该部门中获得 AEO 认证的经营者越多；其次是运输和物流服务提供商，约 29%，其申请 AEO 认证经常是由客户推动的；18% 的认证授予批发或零售公司。第一产业、能源供应和服务业等其他领域则微不足道。Chang—BongKim（2016）通过对韩国 201 个 AEO 企业进行问卷调查，研究韩国海关企业信用指标体系中各指标的重要性和相互关系，最终发现 AEO 企业的外部压力、培训能力和可持续发展能力对企业的信用表现具有较大影响。Karlsson（2017）分析了 AEO 制度并未达到预期效果的原因：一是 AEO 早期要求专注于安全性，侧重于出口，私营部门获得收益不大；二是在国际统一和标准化过程中，AEO 失去了一些原始的创新和创造力；三是政府与私营部门之间的伙伴关系没有像十年前那样迅速发展，建立海关与私营部门间结构化的对话方式是 AEO 有效的前提。

国内学者丁思宇（2014）通过对重庆 26 家 AA 类企业进行问卷调查，发现企业信用管理制度可以有效推动对外贸易，但由于制度本身仍存在缺陷、社会缺乏诚实守信的环境、大部分企业缺乏信用意识，风险控制制度不完善，海关企业信用管理体系的发展受到了制约，其完善需要海关和其他行政部门，以及企业多方相互配合，还需要社会不断完善诚信体系建设。陈雅莉（2016）通过数理统计、量化评分等方法，分析了北京不同信用等级企业的贸易便利化水平，发现 AEO 企业的贸易便利化水平较高，但并未明显高于一般信用企业，这说明企业信用管理办法还未达到预期的政策效果。曹杰（2019）运用天津企业的微观数据，发现 AEO 认证尤其是高级认证，能有效促进企业的进出口，但这种促进作用在小微企业和超大型企业中并不明显。AEO 制度对外贸有较明显的促进作用和较强的拉动潜力，大型的外资和中外合资企业也对这一制度表现出较强的积极性。但当前的 AEO 认证通过率较低，中小企业认证积极性较低。

关于 AEO 互认制度的贸易效应，由于世界各国推行 AEO 互认的时间较短，目前还没有比较完善的对于 AEO 互认效果的研究，在研究中使用到实证分析方法的也较少。理论上而言，AEO 制度和 AEO 互认会提高贸易便利化水平，促进贸易发展。一般认为，两国之间的贸易增长主要来源于国家间贸易成本的降低和市场需求的扩大。贸易成本的降低有助于更多的企业进入国际市场，对方国家或地区市场需求的增加也会使企业出口规模扩大。AEO 互认制度为企业出口提供各项便利化措施和支持，即会表现为相比于非 AEO 互认国家，AEO 互认国家之间的贸易增长将会更为显著。

一些学者采用了实证分析的方法，由于选取的研究方法、调查对象、数据范围不同，关于 AEO 互认制度是否促进了贸易便利化的说法不一。姜和求（2013）研究了中韩自由贸易协定和 AEO 互认共同实施可能会带来的贸易综合效应，发现自由贸易协定可以通过降低关税壁垒来增加贸易量，AEO 互认会通过降低非关税壁垒来降低通关成本，自由贸易协定和 AEO 的共同实施可以同时获得两方面的便利，享受贸易的综合效应。Yoon（2014）研究了韩国 – 中国 AEO 互认协议的签署对韩中贸易便利化的影响，发现 AEO 互认使得 AEO 企业在中国出口的货物进口清关所需的时间减少了50%~60%，并大幅降低了海关查验率。Lee 和 Huh（2020）研究了 AEO 计划及其互认对韩国对外贸易的影响。通过对 176 家 AEO 公司的调查分析发现，AEO 计划及其互认对财务绩效没有直接影响，如并未增加企业销售额、进出口量、营业利润率，或降低企业管理成本。但对供应链管理有明显的积极作用，例如加强企业自我安全管理、定期监测和评估风险、加强与贸易公司的合作、提高货物跟踪能力、减少进出口所需的时间等。因此，就 AEO 项目及其互认的贸易经济效应而言，对 AEO 企业的直接效应并不令人满意。然而，其非经济影响，如通关时间缩短、货物跟踪能力、供应链安全性增强等，对企业来说仍然很大。Kim 等（2019）同样基于韩国的数据，采用结构方程模型检验 AEO 互认的经济影响，研究发现 AEO 互认与年销售额、海外扩张、海外市场渗透率之间存在正向关系。同时，年销售额越大的公司，AEO 互认带来的收益越大。换句话说，当由于海外市场查验、单证不足等各种原因导致清关延误时，企业交易额越大，损失越大。研究也发现，AEO 互认可以显著提高企业的物流绩效，这主要得益于实施 AEO 互认的国家间互相降低了查验率、减少海关文件、放宽审查要求等。而物流绩效又进一步降低了运营成本、提高了企业的经营绩效。

整体而言，目前对于 AEO 制度的研究较为丰富，但 AEO 互认的研究较少，运用实证方法探究 AEO 互认对贸易影响的研究更加缺乏，这部分源于 AEO 互认实施的时间比较短，数据可得性方面较为受限。同时，现有定量研究多采用问卷调查方法，且集中在对韩国的研究，针对 AEO 互认制度对中国的影响尚研究较少。在目前 AEO 互认已经推行一段时间、有了一定的数据积累的条件下，本章着重运用计量分析方法从国家宏观和企业微观两个层面，探索的 AEO 互认制度对于中国的贸易影响效应，以求发现 AEO 互认推行和实施中存在的问题，对未来 AEO 互认工作的开展提出有针对性的建议。

第二节　AEO 互认的贸易效应：国家层面的实证分析

本节基于国家层面的宏观数据，构建定量分析模型，实证考察 AEO 互认制度的实施是否会促进一国贸易增长，进而为评估并推进"一带一路"沿线国家间的 AEO 互认提供参考。

一、实证分析模型

（一）提出假设

AEO 制度作为一项有效促进贸易便利和保障贸易安全的工具，在我国，其与海关企业分类管理制度融合并不断发展完善，形成了目前我国实行的海关企业信用管理制度。在世界其他国家，AEO 制度自提出后也迅速被接受，并与本国海关制度相融合。而 AEO 国际互认的实施，则将两国各自的

AEO 制度相连接,使对方国家的 AEO 企业在出口到本国时,也可以享受本国 AEO 企业的部分便利措施,有助于减少本国 AEO 企业在对方国家的通关成本,增加本国企业在对方国家的贸易竞争力。

由此可以推测,若两国达成 AEO 互认协议并实施,将激励两国的 AEO 企业向对方国家出口,而本国从事进出口的相关企业,也将更倾向于选择对方国家的 AEO 企业进行贸易。因此做出假设 H_1:两国间 AEO 互认的实施可以促进两国间的贸易往来。

为验证上述假设,本章将分别基于宏观的国家级数据和微观的企业级数据进行实证研究,本节开展基于宏观的国家级数据的实证分析。

(二)模型构建

影响贸易量的因素有很多,直接定量识别 AEO 互认对贸易的影响程度并不简单,这容易与《标准框架》、单一窗口等因素对贸易的影响混合在一起,甚至可能存在完全共线性的情况。双重差分法(DID)为这一问题的研究提供了解决方案。运用双重差分法,通过交互虚拟变量刻画不同样本间的差异性,可以将 AEO 互认制度的贸易效应识别出来。

双重差分法,是一种专用于评估某一事件或政策实施成效的研究工具。它兴起于 20 世纪 80 年代,以自然实验或准自然实验为基础,基本研究思路是将两个虚拟变量(时间、分组)和其交互相乘项引入回归方程,通过考察双重差分估计量即交互相乘项系数是否存在显著的统计意义,从而判断事件或政策的实施成效。双重差分法既能控制样本间隐含的个体差异性,又能控制不可观测因素的时间变化影响,因此可有效衡量政策效果。

本小节以 AEO 互认作为准自然实验,基于国家层面的宏观数据,采用双重差分法进行实证研究,识别 AEO 互认制度的贸易效应。使用双重差分法之前需要满足以下前提:

(1)政策冲击发生时间的随机性。对于"一带一路"沿线国家而言,中国是否与其实施 AEO 互认的时间是无法预先确定的。中国是否提出 AEO 互认、具体在哪一年实施互认,这是国家间博弈的动态过程,难以预测,所以,AEO 互认政策的时间具有随机性。

(2)实验组与对照组选择的随机性。这一条件通常较难满足。以本节为例，中国在选择某一国家或地区为 AEO 互认对象时往往不是随意的，而是出于战略层面的分析和考虑，包括国家的经济水平、发展潜力、与中国的历史渊源等。为此，针对实验组和对照组间不随时间变化的差异，可以通过国家固定效应加以控制。对于两组间随时间而变化的差异，可以通过加入国家层面的时变控制变量等予以减轻。

（3）平行趋势假定。这要求在政策发生时间点之前实验组和对照组随时间变化的趋势大体相同。利用中国海关库数据计算出 2008—2019 年中国对 161 个国家出口额的年平均增长率，发现 2013 年之前 AEO 互认国家和非互认国家出口额的年平均增长率发展趋势大致相同，基本满足平行趋势检验。

基于此，设计如下计量模型：

$$\ln Y_{it} = c = a\text{AEO}_i \cdot time_t + \gamma X_{it} + \delta_i + \eta_t + \varepsilon_{it}$$

其中，被解释变量 $\ln Y_{it}$ 为中国在第 t 年对国家 i 的贸易量的对数，可以为进口额、出口额和进出口总值。AEO_i 为判断国家 i 是否为 AEO 互认国家的虚拟变量，$time_t$ 表示政策发生的虚拟变量，二者的交互项为本节的核心解释变量。当 $\text{AEO}_i =1$ 时，表示国家 i 为 AEO 互认国家，属于实验组，当 $\text{AEO}_i = 0$ 时，表示国家 i 为非 AEO 互认国家，为对照组。当 $time_t =1$ 时，表示第 t 年为政策冲击事件发生的年份，文中具体指 AEO 互认实施的年份。值得注意的是，由于我国与各国实施 AEO 互认的时间有先有后，传统的双重差分法要求政策的冲击为同一时间点。因此，本书借鉴龙小宁等（2018）等关于多期双重差分法的做法进行估计。X_{it} 为可能影响我国进出口的其他控制变量，δ_i 表示国家固定效应，η_t 表示时间固定效应，ε_{it} 为随机误差项。

二、变量选取与数据来源

（一）被解释变量

本节采用 2012—2019 年中国对各国的进出口量作为被解释变量，取对数形式，数据来源为中国海关进出口统计数据库、UN Comtrade。之所以选择 2008 年之后的数据开展研究，主要是为了剔除金融危机的影响。同时，

2008 年之后 AEO 认证走上了正轨并得以快速发展。

（二）控制变量

在实证分析中，为了考察 AEO 互认的政策效应，还需要加入控制变量。在分析贸易的影响因素时，引力模型是最为常用的分析框架，认为两国间贸易量与其经济总量成正比，与两国之间的距离成反比。因此，国家的国内生产总值、两国之间的距离是需要考虑的控制变量。考虑到进出口贸易还会受到自由贸易协定、人口等因素的影响，也将其作为控制变量。另外，两国的基础设施情况也会影响进出口效率，本节也将其加以控制。综上考虑，各控制变量及数据来源如下：

（1）中国的国内生产总值。根据贸易引力模型，中国国内生产总值越大，对其他国家（地区）的出口一般也越大（数据来自世界银行）。

（2）互认国家的国内生产总值。国内生产总值是反映国家经济发展水平和综合国力的重要指标，也反映了国家的市场潜力。根据贸易引力模型，一个国家（地区）国内生产总值越高，我国对其出口一般越大（数据来自世界银行）。

（3）距离。中国首都北京与 188 个国家和地区的首都（首府）城市之间的直线距离（数据来自法国 CEPII 数据库）。

（4）人口。包括中国以及贸易对象国的人口总量，反映了国家的生产能力和消费规模，人口数量越大，预期贸易规模也越大（数据来自世界银行）。

（5）自由贸易协定。本节引入自由贸易协定变量出于两方面的考虑：一是自由贸易协定的签署有利于降低贸易壁垒，对贸易可能有促进作用；二是是否签署自由贸易协定在一定程度上可以反映中国与贸易对象国的外交关系是否友好，在同等情况下，友好国家之间的贸易往来可能会更多。具体指标包括贸易国家是否为世贸组织成员、是否与中国签订并实施了自由贸易协定、是否加入了中国的 "一带一路" 倡议（中国与 188 个国家和地区是否签署自由贸易协定的数据来自中国自由贸易区服务网）。

模型主要变量符号表征及说明如表 4-1 所示。

表 4-1　模型主要变量表示及说明

变量符号	说明
ln_tv	中国与贸易国家的进出口总值（美元）的对数
ln_ex	中国向贸易国家出口货物总值（美元）的对数
ln_im	中国自贸易国家进口货物总值（美元）的对数
ln_gdp	贸易国家的 GDP 总值（美元）的对数
ln_gdp_c	中国的 GDP 总值（美元）的对数
ln_pop	贸易国家人口总量的对数
ln_pop_c	中国人口总量的对数
ln_dis	中国与贸易国家的地理距离（两国首都间直线距离，千米）的对数
WTO	贸易国家是否为世贸组织成员
FTA	贸易国家是否与中国签订并实施了自由贸易协定
BR	贸易国家是否加入了中国"一带一路"倡议

三、实证检验与结果分析

（一）实验组和对照组的选择

由于双重差分模型中，既需要对互认实施前后的贸易数据进行对比，也需要对互认国家和非互认国家的贸易数据进行对比，因此，本节以与中国实行互认的 40 个国家为实验组（中国香港地区情况特殊，塞尔维亚为 2021 年后才签订互认协定，因此排除这两个国家 / 地区），同时采用倾向性得分匹配（PSM）的方法来筛选出对照组。

由于最早与我国达成 AEO 互认协定并实施的国家为新加坡，互认实施时间为 2013 年 3 月，因此本节基于 2012 年的数据，选取进出口总值、GDP、人口、是否与中国签订自贸协定四个可能影响分组的变量，通过最近邻匹配的方式进行有放回的倾向性得分匹配，获得对照组。

根据倾向性得分匹配结果，本模型的实验组和对照组如表 4-2 所示。

表 4-2　实验组与对照组的选择结果

实验组		对照组	
澳大利亚	韩国	阿尔及利亚	伊拉克
奥地利	拉脱维亚	安道尔	科威特
比利时	立陶宛	安哥拉	黎巴嫩
巴西	卢森堡	安提瓜和巴布达	利比亚
保加利亚	马耳他	阿塞拜疆	马来西亚
白俄罗斯	蒙古	阿根廷	毛里求斯
克罗地亚	荷兰	巴哈马	墨西哥
塞浦路斯	新西兰	巴林	阿曼
捷克	波兰	巴巴多斯	挪威
丹麦	葡萄牙	文莱	巴拿马
爱沙尼亚	罗马尼亚	加拿大	卡塔尔
芬兰	新加坡	智利	圣马力诺
法国	斯洛伐克	哥伦比亚	沙特阿拉伯
德国	斯洛文尼亚	古巴	南非
希腊	西班牙	厄瓜多尔	特立尼达和多巴哥
匈牙利	瑞典	赤道几内亚	土耳其
爱尔兰	瑞士	加蓬	土库曼斯坦
意大利	阿联酋	冰岛	
日本	英国	伊朗	
哈萨克斯坦	乌拉圭	委内瑞拉	

对于实验组和对照组的主要变量的描述性统计如表 4-3 所示。

表 4-3   主要变量描述性统计

变量名称	实验组（观测值：320）				对照组（观测值：287）			
	均值	标准差	最小值	最大值	均值	标准差	最小值	最大值
ln_tv	23.231	1.611	20.049	26.522	22.033	2.426	14.074	25.544
ln_ex	22.648	1.487	19.951	25.747	21.283	2.263	14.055	24.684
ln_im	22.094	2.051	17.682	26.046	20.528	3.560	8.804	24.995
ln_gdp	26.247	1.596	22.971	29.456	25.026	1.812	20.890	28.245
ln_pop	16.075	1.400	12.948	19.168	15.453	2.112	10.377	18.664
ln_dis	8.816	0.542	6.862	9.861	9.115	0.418	8.268	9.868
WTO	0.916	0.278	0	1	0.610	0.489	0	1
FTA	0.1	0.300	0	1	0.105	0.306	0	1
BR	0.391	0.489	0	1	0.429	0.496	0	1
AEO	1	0	1	1	0	0	0	0
AEO_time	0.406	0.492	0	1	0	0	0	0
ln_gdp_c	30.053	0.166	29.775	30.294	30.048	0.165	29.775	30.294
ln_pop_c	21.042	0.012	21.024	21.058	21.041	0.011	21.024	21.058

（二）回归结果与分析

基于以上实验组和对照组的选择，对于假设 H_1 进行实证检验。首先，设置面板数据，运用单位根检验的 fisher 检验检查面板平稳性，逆卡方变换和修正卡方变换方法得出的结果中，p 值均为 0.00，由此证明面板较为平稳。然后，以进出口总值为被解释变量，分别用固定效应和随机效应模型进行了回归，并进行了 Hausman 检验，p 值为 0.00，因此在下面的回归中选择了固定效应模型。

分别采用进出口总值、出口值和进口值作为被解释变量，进行面板数据回归，结果如表 4-4 所示。

表 4-4　固定效应模型回归结果

变量名称	（1）ln_tv	（2）ln_ex	（3）ln_im
AEO_time	0.103*	0.157***	0.0254
	（2.31）	（3.39）	（0.32）
AEO	0.0307	0.272	1.342
	（0.14）	（1.33）	（1.95）
ln_gdp	0.491***	0.408***	
	（5.81）	（4.86）	
ln_gdp_chn	0.152		1.058***
	（1.23）		（4.67）
ln_pop	0.548***	0.555***	
	（6.13）	（6.40）	
ln_pop_chn	0.0922		−0.100
	（0.44）		（−0.22）
ln_dis	−0.567**	−0.378*	−0.942
	（−2.83）	（−2.05）	（−1.42）
WTO	0.0593	0.284	−0.417
	（0.38）	（1.85）	（−1.26）
FTA	0.0943	0.187	−0.0923
	（0.92）	（1.77）	（−0.48）
BR	−0.0732	0.0120	−0.270**
	（−1.55）	（0.24）	（−3.11）
_cons	.	5.830**	.
	.	（2.77）	.
观测值	607	607	607
时间虚拟变量	Y	Y	Y
个体固定效应	N	N	N

注：*、**、*** 分别代表在 5%、1% 和 0.1% 的水平显著。

由表4-4列（1）可以看出，解释变量 AEO_time 的系数在5%的水平显著，说明 AEO 互认制度的实施对中国与贸易国家之间的贸易总量的促进效应显著，两国间达成互认并实施，预计可以给贸易总值带来 0.1% 左右的提高。列（2）中解释变量 AEO_time 的系数在 0.1% 的水平显著，可推测 AEO 互认的实施对于中国对对方国家的出口有明显的促进作用，互认实施可使出口额上升约 0.16%；而从列（3）的回归结果来看，解释变量 AEO_time 的系数为正，但并不显著，表明 AEO 互认实施对于中国自对方国家进口的促进作用并不明显。

为进一步检测分析结果的稳健性，在原模型中加入个体固定效应进行回归，结果如表 4-5 所示。

表 4-5　加入个体固定效应的计量回归结果

变量名称	（1）ln_tv	（2）ln_ex	（3）ln_im
AEO_time	0.0916	0.138**	0.0230
	（1.93）	（2.76）	（0.29）
ln_gdp	0.344**	0.223	
	（3.05）	（1.88）	
ln_gdp_chn	−1.498		−2.873
	（−0.82）		（−0.85）
ln_pop	0.0803	−0.108	
	（0.19）	（−0.24）	
ln_pop_chn	26.82		59.68
	（0.95）		（1.14）
WTO	−0.232	0.000128	−0.676
	（−1.19）	（0.00）	（−1.89）
FTA	0.0126	0.130	−0.153
	（0.12）	（1.17）	（−0.79）

续 表

变量名称	（1）ln_tv	（2）ln_ex	（3）ln_im
BR	−0.0784	0.00757	−0.264**
	（−1.65）	（0.15）	（−3.04）
_cons	−506.4	18.00*	−1147.4
	（−0.94）	（2.27）	（−1.15）
观测值	607	607	607
时间虚拟变量	Y	Y	Y
个体固定效应	Y	Y	Y

注：*、**、*** 分别代表在 5%、1% 和 0.1% 的水平显著。

可以发现，加入个体固定效应后，回归结果较之前未发生明显变化。第（1）列以贸易总值为被解释变量，从括号中的 t 值可以看出，解释变量的系数在 10% 的水平显著，可以认为，AEO 互认实施对两国贸易有显著的促进作用，可使贸易总值提高约 0.09%。而从列（2）、列（3）来看，AEO 互认制度的实施对中国的出口仍有较明显的促进作用，可能使中国对互认国家的出口量提高 0.14%，但对中国的进口的影响则并不显著。

综上，从国家宏观层面来看，中国与其他国家达成 AEO 互认协定并实施，有利于促进两国之间的贸易往来。其中，AEO 互认的实施对于中国向互认国家的出口有较为明显的促进作用。由此看来，中国 AEO 互认的实施，可以有效降低 AEO 企业在互认两国之间进行贸易的成本，促进两国的贸易往来。

第三节　AEO 互认的贸易效应：企业层面的实证分析

通过第二节基于宏观数据的分析，我们可以推测 AEO 互认制度的实施对中国与互认国家之间的贸易往来，特别是中国的出口，有着明显的促进作用。本节进一步从微观层面检验 AEO 互认制度的影响。

一、模型构建

同样地，采用双重差分模型进行实证分析。限于数据可得性，本节选取了中国与韩国 2012—2016 年 5 年的企业级进出口数据进行验证。[①] 模型设定如下：

$$\ln Y_{it} = c = a\mathrm{AEO}_i + \beta\mathrm{AEO}_i \cdot imp_t + \gamma X_{it} + \delta_i + \eta_t + \varepsilon_{it}$$

其中，被解释变量 $\ln Y_{it}$ 为企业 i 在第 t 年的贸易量的对数，可以为进口额、出口额和进出口总值。AEO_i 为区分该企业是否为海关高级认证企业的二值变量，如企业 i 为高级认证企业，则 $\mathrm{AEO}_i = 1$，如企业 i 为非高级认证企业，则 $\mathrm{AEO}_i = 0$；imp_t 为区分第 t 年我国与韩国是否实施 AEO 互认的二值变量，中韩 AEO 互认于 2014 年 4 月实施，因此当年份大于等于 2014 时，imp_t 取值为 1，否则，取值为 0；$\mathrm{AEO}_i \cdot imp_t$ 即为 AEO_i 和 imp_t 的交互项，为本节的核心解释变量。X_{it} 为可能影响企业贸易量的其他控制变量，包括第 t 年时的 GDP、人口等因素。δ_i 表示个体固定效应，η_t 表示时间固定效应，ε_{it} 为随机误差项。

二、数据来源与处理

实证分析的进出口数据来自 RESSET 海关数据库，认证企业的信息来自中国海关企业进出口信用信息公示平台。本节使用 STATA 16.0 软件进行数据的处理与分析。

[①] 韩国与我国的 AEO 互认于 2014 年实施，时间节点位于这 5 年中间，有利于观察政策效果。

三、实证结果分析

由于采用双重差分模型，因此，同样需要运用 PSM 选择出对照组。以 2012—2016 年一直为高级认证的企业为实验组，运用 PSM 方法筛选与实验组企业进出口情况相似、但在 2012—2016 年均未获得高级认证的企业为对照组。

由于中韩 AEO 互认于 2014 年 4 月达成，因此本节基于 2013 年的企业进出口数据，选取进口总值作为变量，通过最近邻匹配的方式进行有放回的 PSM，获得用于分析进口情况的对照组，然后选取出口总值为变量，通过同样的方法获得用于分析出口情况的对照组，以此进行下一步的双重差分分析。倾向得分匹配后，对照组和实验组的描述性统计结果如表 4-6 和表 4-7 所示。

表 4-6　主要变量描述性统计——出口

变量	实验组（观测值：775）				对照组（观测值：750）			
	平均值	标准差	最小值	最大值	平均值	标准差	最小值	最大值
AEO	1	0	1	1	0	0	0	0
Imp	0.6	0.490	0	1	0.6	0.490	0	1
AEO_imp	0.6	0.490	0	1	0	0	0	0
ln_ex	12.434	2.356	3.401	17.778	12.240	2.295	4.828	18.311

表 4-7　主要变量描述性统计——进口

变量	实验组（观测值：1680）				对照组（观测值：1660）			
	平均值	标准差	最小值	最大值	平均值	标准差	最小值	最大值
AEO	1	0	1	1	0	0	0	0
imp	0.6	0.490	0	1	0.6	0.490	0	1
AEO_imp	0.6	.490	0	1	0	0	0	0
ln_im[①]	13.397	3.142	1.099	20.859	13.223	2.994	0.693	20.745

① 由于个别企业在个别年份出口额为 0，因此 ln_im 的观测值分别为 1676 和 1659。

（1）对中国对韩国的出口情况进行实证检验。验证 AEO 互认实施对于中国 AEO 企业向韩国出口的影响。首先对企业出口额和双重差分统计量 AEO_imp 的相关性进行检验，检验的 p 值为 0.111，在 5% 的水平上不显著，推测企业向互认国家的出口量大小与 AEO 互认是否实施可能不存在明显的相关关系。

然后以企业对韩国的出口额的对数为被解释变量，加入韩国 GDP、人口的对数作为控制变量[①]，并加入时间虚拟变量，进行 OLS 线性回归。通过 ovtest 命令进行遗漏变量检验，得到的 p 值为 0.591，不能拒绝原假设，理论上不存在遗漏变量问题。通过 white 检验进行异方差检验，white 检验的 p 值 0.001，由此可以判断，数据存在异方差问题。在后续选择面板数据 OLS 稳健标准误和 GLS 方法进行回归，以消除异方差的问题。然后，通过面板单位根检验的 fisher 检验对面板数据的平稳性进行检验，检验结果中的 4 个统计量的 p 值均为 0.00，证明面板数据平稳。

以企业向韩国出口总额（美元）的对数为被解释变量，基于上述模型分别采用面板数据 OLS 和 GLS 方法进行回归，结果如表 4-8 所示。

由回归结果可以看出，不管是通过固定效应的 OLS 回归还是 GLS 回归，双重差分统计量的系数均为正，但与之前国家层面数据分析结果不同的是，企业级数据的回归结果中交叉项 AEO_imp 的系数均不显著。

（2）对中国自韩国的进口情况进行实证检验。同样地，首先对企业进口额和双重差分统计量 AEO_imp 的相关性进行检验，检验的 p 值为 0.086，在 5% 的水平上不显著，企业自互认国家的进口量大小与互认是否实施可能不存在明显的相关关系。

---

① 由于部分企业的公开数据难以获得，并且模型中控制了个体的固定效应，加入不随时间变动的控制变量意义不大，因而未添加更多的控制变量。

表 4-8　基于企业层面微观数据的回归结果——出口

变量名称	（1）OLS	（2）GLS
AEO_Imp	0.00686	0.00686
	（0.04）	（0.03）
AEO		0.190
		（1.02）
Imp	4.280***	4.280***
	（5.57）	（3.5）
ln_gdp	−22.10***	−22.10*
	（−4.74）	（−2.54）
ln_pop	−61.12***	−61.12**
	（−4.66）	（−2.80）
_cons	12.27***	12.29***
	（168.48）	（91.56）
观测值	1525	1525

注：*、**、*** 分别代表在 5%、1% 和 0.1% 的水平显著。

　　然后进行初步的 OLS 线性回归，以企业进口额的对数为被解释变量，加入中国 GDP、人口的对数作为控制变量，并加入时间虚拟变量。然后通过 ovtest 命令进行遗漏变量检验，得到的 p 值为 0.195，不能拒绝原假设，因此可以认为没有遗漏变量。然后通过 white 检验进行异方差检验，white 检验的 p 值 0.217，由此可以认为数据不存在异方差问题。通过面板数据单位根检验的 fisher 检验对面板数据的平稳性进行了检验，检验结果中的 4 个统计量的 p 值均为 0.00，证明面板数据平稳。

　　以企业自韩国进口总额（美元）的对数为被解释变量，基于上述模型分别采用面板数据 OLS 和 GLS 方法进行回归，回归结果如表 4-9 所示。

表 4-9　基于企业层面微观数据的回归结果——进口

变量名称	（1）OLS	（2）GLS
AEO_imp	0.0562	0.0668
	（0.64）	（0.31）
AEO		0.134
		（0.80）
imp	2.124***	−18.84***
	（4.87）	（−3.59）
ln_gdp_c	−17.38***	79.31***
	（−6.07）	（3.67）
ln_pop_c	163.3***	−111.7***
	（8.17）	（−3.65）
_cons	−2903.7***	0
	（−8.52）	.
观测值	3335	3335

注：*、**、*** 分别代表在 5%、1% 和 0.1% 的水平显著。

由表 4-9 可以看出，不管是固定效应的 OLS 回归，还是 GLS 回归，结果均显示中韩 AEO 互认的实施对于中国的 AEO 企业自韩国的进口存在正向的促进作用，但这种促进作用在统计学上并不显著。这一结论与国家层面的数据分析的结果一致。

综上，从企业微观层面来看，中国与其他国家 AEO 互认的实施，对中国的高级认证企业向互认国家的出口有一定的刺激作用，对高级认证企业自互认国家的进口也有一定的促进作用，但 AEO 互认对于进口和出口的促进作用在统计学上均不显著。推测其中原因，可能是部分企业的供应链较稳定，而 AEO 互认并不会使通关成本显著降低，因此企业可能不会仅因为 AEO 互认的实施就改变其相对固定的供应链和贸易伙伴。

四、讨论与展望

实证结果显示，AEO 互认的实施对中国进口和出口的影响是不一致的。AEO 互认实施对于中国出口的促进作用较为明显，但对于中国进口却无显著影响。这可能是因为 AEO 互认在实施中存在两国互认实施水平不对等、两国企业对于 AEO 认证的重视程度不同等问题。进出口企业要想在其贸易国获得海关优惠，两国海关当局必须承认并接受 AEO 制度。同时，通过 AEO 互认制度确保 AEO 系统的国际可靠性和安全性。因此，若要充分发挥 AEO 互认对于贸易的促进作用，则应保障 AEO 互认在两国对等实施，使其对于两国间的进口和出口都有明显的激励和促进效果。

因此，在 AEO 互认磋商中，首先，应了解对方国家的 AEO 认证标准，确保对方国家的 AEO 认证企业和中国的海关高级认证企业具有同等程度的合规水平和信用状况；其次，应在协议中明确中国给予对方国家 AEO 企业的便利与对方给予中国 AEO 企业的便利一致；最后，应保证中国 AEO 企业在对方国家通关与对方 AEO 企业在中国通关时获得同等的对待，保证双方国家在互认具体实施时的对等性。

另外，由于 AEO 认证的程序相对复杂，虽然不少企业已经具备了 AEO 认证所需满足的条件，但是出于各种方面的原因还未能实现海关 AEO 的认证，因此导致 AEO 认证和互认的效果尚不够明显。中国正处于大力实施"一带一路"建设的特殊时间段，中国企业比以往历史上任何一个时刻都更想也更有可能"走出去"。为了充分发挥 AEO 互认带来的贸易便利，未来应进一步加强 AEO 认证和互认工作。目前我国大部分中小企业发展还不够充分，公司的硬件配备和软实力等还无法达到《标准框架》中对 AEO 企业的要求。截至 2021 年 8 月底，中国海关共有高级认证企业 3889 家，数量仅占海关注册登记和备案企业总数的约 0.2%。政府应该鼓励并帮助大中型企业先实现海关 AEO 的认证，让它们先登上更广阔的舞台，带来更大的效益。各地政府、所辖海关应该加大对 AEO 制度的宣传、教育力度，派遣专业人士向各地企业讲授国内外 AEO 互认合作的典型案例，让企业认识到 AEO 互认合作所能带来的巨大便利与经济效益。同时，进一步培养专业的 AEO

认证团队，帮助更多的企业实现 AEO 的认证，让更多的企业享受"一带一路"倡议、AEO 互认所带来的巨大收益。

从微观层面实证分析得到的结果与宏观层面实证分析所得结果不尽相同。对于进口，两次实证分析的结果是一致的，AEO 互认对进口的促进作用并不显著；而对于出口，宏观层面的数据认为 AEO 互认对于中国出口有显著的促进作用，而微观层面数据显示这种促进作用并不显著。两个结果之间的差异既可能受到选取的计量方法、变量和其他因素的影响，也可能是两次分析选取的数据范围不同导致的，国家级的数据范围为 2012—2019 年 8 年的面板数据，且将 40 个互认国家均纳入数据范围中；而企业层面的分析受现有数据库和工作量的限制，仅选取了 2012—2016 年 5 年的数据，针对中国 – 韩国的 AEO 互认实施效应进行了分析，并且只选取了中国 AEO 企业的进出口数据而未对韩国 AEO 企业的进出口数据进行分析。因此，微观层面数据的分析结果可能会存在较大的局限性，研究还存在改进空间。

第四节　实施 AEO 互认过程的挑战与发展趋势

一、《标准框架》的制定背景与角色定位

（一）背景

贸易安全与便利是当今世界国际贸易的两大核心，各国的对外贸易政策不外乎针对这两个核心展开。但在美国"9·11"恐怖袭击事件之前，WCO 及世界各国海关更加关注贸易便利化，这从 WCO 的一个机构上设置变化就可以看出：WCO 原先的机构设置只是设有"贸易便利司"，《标准框架》的出台使得贸易安全上升到了一个全新的高度，于是 WCO 便增设了"能力建设司"并进一步设立"高级战略小组"来制定贸易安全政策并进行全球范围内的推广。

从更大的方面来说，贸易便利化从 20 世纪 70 年代起就一直是 WCO 致

力于改革的终极目标，包括世贸组织在内的诸多政府间国际组织都一直从多边或区域角度对贸易便利化问题给予关注，以期能够建立足够高效的世界贸易便利体系。作为国际海关领域公认的基础性公约，《关于简化和协调海关制度的国际公约》（简称《京都公约》）从 1973 年出台到 1999 年正式完成全面修改，更是成了 WCO 在推动贸易便利化历程中里程碑式的国际法律文件。

然而，一切在"9·11"恐怖袭击事件之后发生了实质性的改变。以美国为首的西方发达国家，从维护自身的国家安全利益角度出发，强调贸易和供应链安全问题。

（二）角色定位

在海关国际合作中，通过经验的不断积累，双边、多边国家海关或组织逐步发展出了一些原则与制度，这是海关间国际合作成果的一种体现，但是要演变成为缔约各方所必须遵守的国际法规范就需要借助海关国际条约的形式予以固定，因此《标准框架》有着模糊而充满争议的角色定位。

《标准框架》的接受与实施完全基于"自愿原则"，这是与 WTO 贸易规则和 WCO 自身所主持签订的《京都公约》最大的不同，因此其缺乏严格的约束和相对应的审查机制，实际上并不具有强制执行的法律效力，然而它又确确实实被作为 WCO 成员必须采纳实施的最低标准。

二、发展中国家海关实施《标准框架》的机遇和挑战

（一）实施《标准框架》的必要性分析

1. 发展中国家实施《标准框架》对国家经济发展的益处

（1）实施《标准框架》有利于国家经济社会的和谐发展。海关在实现国家经济社会和谐发展方面扮演着重要的角色，随着各国海关的发展与其国家经济社会的发展关系日益紧密，广大发展中国家海关实施《标准框架》符合他们加快实现自身现代化建设的理念追求。"9·11"恐怖袭击事件后，WCO 突然转向，将重点放在了贸易安全上，因此实施《标准框架》也是广大发展中国家顺应时代发展趋势的相应举措，这将促使各国海关开始重视

贸易安全，并通过不断加强的广泛合作加快与国际通用惯例的融合，推动社会经济的良性发展。

（2）实施《标准框架》有利于发展中国家健全国内对外贸易相关法律法规。随着经济全球化的迅速推进和发展，不少发展中国家逐步建立和完善了本国涉及经济贸易管理的法律法规和规章政策。例如，玻利维亚于 1999 年 7 月通过了新的海关法，由此改变了过去海关管理的程序、体制、人员和管理机构，以期来实现意义深远的制度改革和反对腐败。但是同发达国家相比，发展中国家的对外贸易法律法规体系仍存在较大差距，部分领域甚至还是空白。《标准框架》的实施固然有助于消解恐怖袭击给全球供应链安全带来的威胁，同时也会促使各国相关法律制度尽快建立和完善，甚至带来各国政治机构改革的新一轮浪潮。

（3）实施《标准框架》有利于提升发展中国家商界的综合素质。企业作为经济社会的基本单位，不仅是市场经济的主体，更是国内生产总值的主要贡献者。随着越来越多的发展中国家加入 WTO，本国经济已经融入了经济全球化进程之中，相应地会面临日益增多的贸易摩擦。除了要有积极的应对措施之外，更主要的是提升发展中国家商界的综合素质，增强竞争能力，加强知识产权保护，促进本国贸易的健康发展。

2. 实施《标准框架》对海关管理的益处

（1）建设符合《标准框架》的风险管理体系有益于发展中国家海关顺应时代发展趋势。目前无缝供应链管理是国际海关努力尝试的发展方向，传统的监管范围仅停留在进口国口岸，而无缝供应链管理则将监管范围扩大到从出口启运地到进口指运地从而形成完整的贸易链。通过实施《标准框架》的标准，将有益于建立无缝供应链，有益于广大发展中国家参与更高层次的国际海关间合作。

（2）实施《标准框架》有益于发展中国家海关提升自身管理水平。加强国际行政互助方面的合作以促进国际贸易的繁荣和安全已经成为大势所趋，实施《标准框架》有益于发展中国家海关逐渐消除与国际海关通行管理的差距，有益于发展中国家海关在科学有效的管理理念下充分拓展监管维度，提高监管效能，从而真正意义上提升自身管理水平。

（3）实施《标准框架》有益于发展中国家海关有效应对针对国际供应链环节的恐怖袭击和非法贸易活动，完善供应链监管。随着世界社会经济形势的不断变化，受相关利益驱使的非法贸易活动出现愈加频繁，且呈现复杂化的局面。非法贸易的对象已经不再局限于成品油、汽车、香烟等老三样，而是向高科技电子产品蔓延，电子化、智能化、高科技化的非法贸易手段更为隐蔽。

（二）《标准框架》的实施难点

1. 实施《标准框架》对海关的不利因素

（1）实施《标准框架》会导致海关间的合作出现分歧。每个国家都需要以维护自身的国家利益为一切对外活动的基本出发点，实行标准化的做法有助于监管结果的互认并采用一致的风险管理措施，但需要认清的一点是：任何一个国家的海关政策和风险评估标准是不可能完全一致的，这将对双方的合作开展带来极大难度。

（2）实施《标准框架》会加重发展中国家海关监管的工作量。发展中国家由于贸易顺差往往较大，因此在扩大监管范围的合作中要接受大量的查验要求，导致出口工作量大增，易造成工作负担。而且各国海关的监管要求不同，出口监管方面履行的义务基本上很难在进口监管中得到补偿。

（3）实施《标准框架》会增加发展中国家海关行政成本。《标准框架》中对出口货物的监管规定显然增加了出口海关和出口货物供应商的成本，由于大部分发展中国家都存在着贸易顺差的情况，因而行政成本总量是增加的。另外，WCO鼓励使用的非侵入式查验设备虽然有效提高了海关的工作效率，但高新技术的使用也意味着高额的费用。与此同时，非侵入式查验设备更侧重针对安全的保障，而对发展中国家普遍关心的商品归类、关税价格确定等的作用并不明显。

2. 实施《标准框架》存在的难点

（1）发展中国家的国情将给合作带来困难。发展中国家和发达国家经济发展水平存在差异，这决定了二者对海关监管工作的要求并不一致。正是因为这种不一致性，使得双方在合作当中所考量的方面不尽相同，利益的博弈也就在所难免。

（2）发展中国家现有的风险管理水平不能完全满足要求。发展中国家普遍风险管理起步较晚，虽然近年来取得了一定的效果，但目前的发展情形还不足以本国建立一个以安全风险管理为核心的监控体系。发展中国家在现有的风险管理水平下努力朝着智能化的方向发展，但要同时建立安全方面的指标体系，加大安全方面的比重，容易削减海关在原产地、商品归类等方面所做出的努力。

（3）技术层面存在困难。实施《标准框架》要求通关作业的各个环节要密切配合、及时传递信息。当船舶停靠多个港口涉及多个国家海关时，《标准框架》要求分别在多国海关进行查验作业，而查验作业流程包括布控指令的下达、查验通知单打印、查验实施、查验结果处理、结果录入反馈等多项环节，导致信息沟通任务将异常复杂。要满足上述一系列查验环节所需的信息交换要求，发展中国家还有很长的路要走，不仅是硬件设施，网络信息技术上的困难也很难在短期内得到解决。

（三）外部因素带来的挑战

1. 与其他国家海关进行合作所面临的困难

各国在海关监管程序、标准上情况都不尽相同，部分国家和地区还存在着各式各样的贸易壁垒，当前过快推进的国际贸易标准统一进程会给广大发展中国家带来巨大负担，不利于发展中国家的经济良性发展，特别是在以西方发达国家为主导的国际组织谈判中，尽管发展中国家在不断加强自身的参与程度，然而这些标准必然是由西方发达国家来进行主导，显而易见他们在遵守并实施这些标准时要容易许多。

围绕着进出口贸易标准的统一化进程，国际上各相关组织已展开多轮谈判，发展中国家在把握机遇的同时也应认清过快统一标准带来的风险，认清政策推动背后的大国利益，从而能够解决好相关政策的过渡缓冲工作。

2. 与国内其他政府部门合作所面临的困难

海关虽然在贸易安全与便利方面扮演着重要的角色，但是也必须要依靠本国政府各职能部门的积极配合。目前发展中国家海关与国内其他政府部门合作所面临的困难主要有两点。

一是负责口岸通关的相关部门之间缺乏紧密的协作配合，大多数口岸不是"一站式"报关而是"多站式"报关，导致企业在办理手续时要耗费大量时间，效率低下。

二是每个查验部门都有自己的信息网络，但相互之间却没有联网，导致海关和边防、检验检疫等各部门的进出口数据基本上无法实现资源的实时共享。这些都成了制约海关与国内各部门合作的瓶颈。

三、发展中国家海关实施《标准框架》的对策及建议

（一）依托 WCO 项下的能力援助和协作

WCO 强调发达国家会向那些决心实施《标准框架》并表达了必要政治意愿的国家提供援助，也将根据每个成员国海关的能力和必要的法律授权分不同的阶段进行实施。但援助国家和组织将从哪些方面对受援海关进行符合其国情的援助，具体分为哪些阶段，如何将援助从技术层面上升到能力建设层面，如何避免不同组织和机构在某一方面的援助重叠等，不仅对于援助国而言，对那些申请并接受援助的发展中国家海关而言，更是一个巨大的挑战。

1. WCO "哥伦布计划"

2006 年 1 月 1 日，也就是在《标准框架》颁布的第二年，WCO 便宣布实施旨在对提出能力建设协助申请的成员海关进行分阶段协助的"哥伦布计划（Columbus Program）"。该计划的实施实际上是受到了 WTO 促贸援助（aid for trade）的启发和影响，促贸援助意图帮助发展中国家特别是最不发达国家提高参与国际贸易的能力。

这些年的实践表明，"哥伦布计划"除了在宣传海关在公共机构中的地位起着显著作用外，其实施对发展中国家海关现代化建设的实际效果并没有充分彰显。因此，分析广大发展中国家海关在实施《标准框架》时所面临的挑战有着重要的意义，毕竟在追逐他人的时候，不应盲目追逐，更应该看清脚下的路。广大发展中国家政府和海关应保持清醒的立场，认清挑战，降低风险，借助《标准框架》倡议积极调整本国贸易安全与便利相关政策，既要积极参与相关国际合作及规则的制定，又要坚守底线，努力

维护主权利益，防止西方发达国家打着维护全球贸易安全的口号来推行本国标准，阻碍世界经济贸易的便利化发展。

2. CAREC 项下的海关能力建设框架

2008 年 12 月至 2009 年 2 月，亚洲开发银行（以下简称 ADB）组织前往考察了所选定的数个中亚经济合作机制（以下简称 CAREC）国家：中国、吉尔吉斯斯坦、乌兹别克斯坦、哈萨克斯坦和阿塞拜疆。考察期间，ADB 与各国海关以及来自货运代理协会、贸易和物流协会的代表进行了磋商，来确定现有的培训需求和资源整合方向，以便为海关合作委员会的成员和其他利益相关方制定一个能力建设框架。CAREC 海关合作委员会（CCC）承认了能力建设对于支持 CAREC 地区贸易和海关管理改进的重要作用。

但需要提醒的是，培训技能的传授和消化对受培训人员而言需要大量的时间，显然这类项目还缺乏足够的可持续性，来供更多的 CAREC 国家受培训人员学习使用。

（二）发展中国家海关自身能力建设建议

1. 着手提前申报的立法工作

按照《标准框架》的要求，承运企业或个人必须提前向海关申报舱单信息，但目前发展中国家海关基本对此类行为没有做强行要求。因此，只有对部分企业进行提前申报的试点工作，在积累足够经验的同时扩大提前申报的企业范围，只有以法律的形式将提前申报常态化，才能使"提前报关"模式推广开来。

2. 全力打造符合现代要求的风险管理系统平台

现代风险管理系统力求自动化和智能化，发展中国家海关应围绕这两个核心要求，组织各领域的专家全力打造现代风险管理系统平台。在借鉴国外成功经验的同时，重视本国实际国情，着重解决风险评估标准，使得风险分析和布控更具有针对性，风险评估更具操作性，打造具有本国特色的现代先进风险管理系统平台。

3. 注重与中小企业的关系发展

无论是发达国家还是发展中国家，中小企业在国民经济中都扮演着举足轻重的角色。但由于自身实力有限，中小企业往往因无法建立符合要求的供应链安全标准而导致其在通关的时候遭遇海关烦琐的查验要求，运营成本居高不下，大大降低了他们的国际竞争力。因此，发展中国家海关不仅要发展与中小企业的关系，还必须给予充分的重视并采取确实有效的措施。

（三）关于中国海关实施《标准框架》的工作建议

作为世界上最大的发展中国家，在实施《标准框架》的工作中，中国海关需要为其他发展中国家做出表率。

中国海关总署于 2006 年 2 月宣布准备实施《标准框架》，并进行了一系列的实践工作。以中欧海关合作为例，2006 年 9 月 19 日，中欧双方在布鲁塞尔签订《中华人民共和国海关总署与欧洲共同体海关当局关于加强供应链安全合作的联合声明》和《安全智能贸易航线联合共识》，现阶段中欧海关合作基本形成了"安智贸"、中欧海关的知识产权保护合作和《中欧海关协定》执行三大重点，双方基本能够按照"相互尊重""互惠互利""平等协商"的原则开展合作，双方的联络渠道畅通、对话合作机制比较完善。

虽然我国海关的现行实践与《标准框架》尚存在不小的差距，但是我国海关又必须履行好《标准框架》的相关标准。因此，在这种两难的处境中，我国海关应先选择相对容易实施的措施加以实践，在试点取得一定成果后总结经验并加以推广。以海运转运业务为例，为了使得转运货物也能够享有"提前报关，货到放行"的政策，目前已有部分海关自行开发相关转运货物管理系统。

当然，在平衡贸易安全与便利这一核心环节的时候，虽然《标准框架》旨在确保供应链环节安全的前提下实现贸易便利化，事实上，维护供应链安全和促进贸易便利化程度作为两大价值取向体现在各项海关具体业务当中，两者互有博弈但不可顾此失彼。考虑到供应链环节的安全非绝对意义上的安全，以及我国海关目前的贸易便利程度，现阶段我国海关的外贸政策重点仍应该从自身国情出发，在保护好本国利益的基础上再根据具体需求调整监管的重点领域，维护好我国的对外经济贸易秩序。

四、AEO 互认的未来发展趋势

关于全球 AEO 合作的未来，中国海关总结出以下趋势：第一，AEO 合作将在实施世贸组织《贸易便利化协定》中发挥更重要的作用；第二，互认的规模和影响会越来越大；第三，AEO 作为一种产业模式，在安全性、守法性、信誉度等方面将有更高的发展；第四，AEO 将能够获得越来越多的海关便利和利益；第五，双边 AEO 承认将向区域性多边承认发展；第六，商业界的主张和利益将有更大的发言权；第七，双方在信息技术方面的合作将越来越智能化。

为进一步促进国际 AEO 合作，中国海关提出要完善现有的全球 AEO 标准；加强世界海关组织与世贸组织的相互促进作用；运用"4E 方法"提升国际 AEO 的认知度，即"扩大 MRA 数量，扩大 MRA 效益，提高 MRA 有效性，扩大 MRA 影响力"，提高国际 AEO 的认知度；加强区域合作和与其他政府机构的合作；加强 IT 系统建设和 AEO 认证培训。

AEO 互认的区域一体化和多边互认已成为新趋势。例如，最近在东非关税同盟、"太平洋联盟"（秘鲁、哥斯达黎加、智利和哥伦比亚之间）和美国－加拿大－墨西哥合作方案中都有所体现。

与其他主管当局的合作和方案的协调已被确定并确认为进一步制定强有力的 AEO 方案的一个关键因素。这是为了确保全球供应链安全，避免当局和经济运营商的工作重复和成本增加。

因此，它从一开始就在国际一级纳入了世界海关组织的外汇管理局以及欧盟立法。欧盟已开始在若干领域（例如航空安全、海事、出口管制等）开展工作，以确定协同作用，避免行政负担的重复。欧盟海关风险管理战略和行动计划，特别是列入一项与海关和其他当局之间的机构间合作和信息共享有关的具体目标，在这一领域发挥了关键作用。

此外，在其他政策领域有许多证书或授权，其要求与一个或多个 AEO 标准相同或相似，或与 AEO 状态直接相关。

为应对未来的发展形势，今后在 AEO 互认制度的推行过程中应该注重以下几方面的工作：

1. 进一步加强落实 AEO 认证制度

全面推进 AEO 国际互认，首先应该让企业充分了解 AEO 认证机制。AEO 制度对通关时间缩短、货物跟踪能力、供应链安全性增强等有很大的影响。在快速变化的贸易环境中，AEO 认证和 AEO 互认仍然有着不可忽视的作用。因此，政府需要鼓励并帮助非 AEO 企业加入 AEO 项目，扩大与 AEO 采用国家特别是发展中国家的互认协定，充分发挥 AEO 认证及互认制度对贸易的促进作用。

2. 加强海关与企业的合作

AEO 互认制度可以提前识别制造、配送、仓储、进出口清关等各个环节可能发生的风险，海关选择供应链中具有防范能力的企业按照国际标准授权，并给予简化通关手续等好处，同时对 AEO 认证标准的遵守情况进行持续管理，以实现供应链贸易的安全和便利化。这是通过海关与企业的合作来促进贸易安全和便利化，绝非海关或私营企业的单方面努力。

3. 加强海关与其他主管当局的合作

AEO 制度作为我国海关信用管理的重要制度安排，也是我国社会信用管理体系的组成部分，因此海关需加大与国家有关部门的协同治理力度，细化并落实国家联合奖惩机制。同时，推动信息共享和联合执法制度建设。打破部门间的信息壁垒，融合供应链上企业和各业务部门信息，包括海关与商务、税务、市场监管、外汇等部门管理信息的共享，综合评估并动态调整 AEO 企业信用等级。

4. 加强 AEO 互认的区域一体化和多边互认

实际上，AEO 国际互认合作的实质是各个国家和地区的海关对接 AEO 认证标准、程序并进行统一。国家间的 AEO 互认与合作，将海关管制范围从一国扩大到双边甚至多边，将以往在特定场所零敲碎打的安全管理，转变为进出口相关的整个贸易供应链的一体化管理。近年来，中国以共建"一带一路"国家（地区）、《区域全面经济伙伴关系协定（RCEP）》成员、中东欧国家和重要贸易国家为重点，全力推进 AEO 国际互认合作进程。《"十四五"海关发展规划》设定"十四五"时期中国海关 AEO 互认国家（地区）数量超过 60 个的预期性指标。同时，对于部分尚未建立 AEO 制度的国家（地区），中国政府主动加强与其沟通联系，积极向有意愿的国家（地区）提供能力建设援助，为互认打好基础，助力我国 AEO 企业在越来越多国家（地区）享受互认便利措施。未来应借鉴国际相关经验，加强 AEO 互认的区域一体化和多边互认，以服务国家重大战略和发展布局。